GUERRA AÉREA E LITERATURA

A marca FSC é a garantia de que a madeira utilizada na fabricação do papel deste livro provém de florestas que foram gerenciadas de maneira ambientalmente correta, socialmente justa e economicamente viável, além de outras fontes de origem controlada.

W. G. SEBALD

Guerra aérea e literatura

*Com um ensaio sobre
Alfred Andersch*

Tradução
Carlos Abbenseth
e Frederico Figueiredo

COMPANHIA DAS LETRAS

Copyright © The Estate of W. G. Sebald, 2003
Todos os direitos reservados

A tradução desta obra recebeu o apoio do Goethe-Institut,
financiado pelo Ministério das Relações Exteriores da Alemanha.

*Grafia atualizada segundo o Acordo Ortográfico da Língua Portuguesa de 1990,
que entrou em vigor no Brasil em 2009.*

Título original
Luftkrieg und Literatur — Mit einem Essay zu Alfred Andersch

Capa
Kiko Farkas e Mateus Valadares/ Máquina Estúdio

Preparação
Julia Bussius

Revisão
Ana Maria Barbosa
Márcia Moura

Dados Internacionais de Catalogação na Publicação (CIP)
(Câmara Brasileira do Livro, SP, Brasil)

Sebald, W. G.
 Guerra aérea e literatura : com ensaio sobre Alfred Andersch /
W. G. Sebald ; tradução Carlos Abbenseth e Frederico Figueiredo.
— São Paulo : Companhia das Letras, 2011.

 Título original: Luftkrieg und Literatur — Mit einem Essay
zu Alfred Andersch
 ISBN 978-85-359-1884-7

 1. Bombardeio aéreo – Alemanha 2. Guerra Mundial, 1939-
1945 – Destruição e pilhagem – Alemanha 3. Guerra Mundial,
1939-1945 – Literatura e guerra 4. Literatura alemã – Século 20 –
História e crítica I. Título.

11-05348   CDD-833.91409358

Índice para catálogo sistemático:

1. Guerra Mundial : Literatura e guerra :
    Literatura alemã   833.91409358

[2011]
Todos os direitos desta edição reservados à
EDITORA SCHWARCZ LTDA.
Rua Bandeira Paulista, 702, cj. 32
04532-002 — São Paulo — SP
Telefone: (11) 3707-3500
Fax: (11) 3707-3501
www.companhiadasletras.com.br
www.blogdacompanhia.com.br

Sumário

Nota preliminar, 7

GUERRA AÉREA E LITERATURA — CONFERÊNCIAS DE ZURIQUE, 11

O ESCRITOR ALFRED ANDERSCH, 95

Notas, 125

Nota preliminar

As conferências sobre o tema guerra aérea e literatura apresentadas neste volume não estão publicadas exatamente na forma em que foram proferidas na Universidade de Zurique no final do outono de 1997. A primeira conferência partia da descrição feita por Carl Seelig de uma excursão que realizara com o paciente psiquiátrico Robert Walser em meados do verão de 1943, precisamente no dia anterior à noite em que a cidade de Hamburgo foi arrasada pelo fogo. As reminiscências de Seelig, que não fazem nenhuma alusão a essa coincidência fortuita, levaram-me a compreender com maior clareza a perspectiva sob a qual eu mesmo encaro os horríveis acontecimentos daquele ano. Nascido em maio de 1944 num vilarejo dos Alpes do Allgäu, faço parte daqueles que não foram atingidos diretamente pela catástrofe que então se consumava no Reich alemão. Por meio de passagens mais longas dos meus próprios trabalhos literários, eu tentei mostrar na conferência que essa catástrofe, mesmo assim, deixara vestígios na minha memória. Em Zurique, isso se justificava na medida em que eu deveria ali, de fato, falar sobre poética. Na versão ora apresentada, no entanto, extensas autocitações não teriam cabimento. Por isso, retomei apenas algo da primeira palestra para um *postscriptum*, que trata, no mais, das reações provocadas pelas conferências de Zurique e da correspondência que recebi em seguida, muitas vezes de caráter um tanto bizarro. Mas, justamente pela natureza deficiente e forçada desses textos e cartas a mim enviados, podia-se perceber que aquilo que milhões vivenciaram nos últimos anos da guerra, uma humilhação nacional sem precedente, nunca foi realmente traduzido em palavras, não tendo sido nem compartilhado entre os diretamente atingidos, nem transmitido por eles aos que nasceram depois. A queixa sempre repetida de que até hoje não foi escrita a grande epopeia alemã da guerra e do pós-guerra tem algo a ver com esse fracasso (de certo modo, inteiramente compreensível) diante da violência que representa a absoluta contingência gerada por nossas cabeças obsessivamente metódicas. Apesar do árduo esforço empenhado no que se convencionou chamar de superação do passado, parece-me que nós, alemães, somos hoje um povo estranhamente cego para a história e despojado de tradição. Não temos um interesse apaixonado pelas nossas antigas formas de vida nem pelas especificidades de nossa própria civilização, como se nota, por exemplo, em toda a cultura da Grã-Bretanha. E quando olhamos para o passado, em particular para os anos de 1930 até 1950, trata-se sempre de um olhar e desviar de olhos simultâneos. A produção dos autores alemães depois da guerra é, por essa razão, muitas vezes determinada por uma consciência falsa ou parcial, formada para a consolidação da posição extremamente precária dos escritores numa sociedade quase que na íntegra moralmente desacreditada. Para a grande maioria dos literatos que permaneceram na Alemanha durante o Terceiro Reich, a redefinição da ideia que tinham de si próprios depois de 1945 foi uma questão mais urgente do que a apresentação das relações reais que os envolviam. O caso Alfred

Andersch foi exemplar quanto às consequências perniciosas que daí decorreram para a prática literária. É por isso que, mais uma vez, reproduzo aqui, na sequência das conferências sobre guerra aérea e literatura, o artigo que publiquei sobre esse escritor há alguns anos na revista *Lettre*. Ele me rendeu na ocasião algumas duras críticas por parte de pessoas que não queriam admitir que uma postura fundamentalmente oposicionista e uma viva inteligência — que, sem dúvida, eram características de Andersch — podiam muito bem reverter em tentativas mais ou menos conscientes de adaptação no período em que o poder do regime fascista avançava de maneira aparentemente irrefreável, e que, daí, viria a decorrer mais tarde, para uma pessoa pública como Andersch, a necessidade de fazer ajustes na própria biografia por meio de omissões discretas e outras correções. Nessa preocupação com o retoque da imagem de si mesmo que se queria transmitir, reside, a meu ver, uma das razões mais importantes para a incapacidade de toda uma geração de autores alemães em registrar aquilo que viram e preservá-lo para a nossa memória.

GUERRA AÉREA E LITERATURA

Conferências de Zurique

1.

O artifício da eliminação é o reflexo defensivo de todo especialista.

Stanisław Lem, Grandeza imaginária

É difícil fazer hoje uma ideia, mesmo que aproximada, da medida da devastação das cidades alemãs ocorrida durante os últimos anos da Segunda Guerra Mundial, e ainda mais difícil pensar sobre os horrores a ela associados. É certo que consta nos *Strategic bombing surveys* dos Aliados, nos levantamentos do Departamento Federal Alemão de Estatísticas e em outras fontes oficiais, que apenas a Royal Air Force lançou, em 400 mil voos, 1 milhão de toneladas de bombas sobre a zona inimiga; que, das 131 cidades atingidas — umas só uma vez, outras repetidas vezes —, algumas foram quase totalmente arrasadas; que a guerra aérea deixou em torno de 600 mil vítimas civis na Alemanha; que 3,5 milhões de residências foram destruídas; que, no final da guerra, havia 7,5 milhões de desabrigados; que, em Colônia, a cada habitante cor-

respondiam 31,4 metros cúbicos de escombros e, em Dresden, 42,8 — mas, mesmo assim, não sabemos o que tudo isso significava de verdade.[1] A ação de aniquilamento, até então sem par na história, ingressou nos anais da nação que se reconstituía apenas em forma de generalizações vagas e parece mal ter deixado um vestígio de dor na consciência coletiva, permanecendo amplamente excluída da experiência retrospectiva pessoal daqueles por ela afetados, sem desempenhar jamais um papel digno de menção nas discussões acerca da constituição interna de nosso país e nunca se tornando, como constatou mais tarde Alexander Kluge, uma cifra publicamente legível[2] — fato absolutamente paradoxal, quando se pensa na quantidade de pessoas que estiveram expostas a essa campanha dia após dia, mês após mês, ano após ano e no longo período de tempo que ainda se estendeu pelo pós-guerra, em que elas foram confrontadas com as suas reais consequências, que (como seria de pensar) sufocavam qualquer sentimento positivo de vida. Apesar da energia quase inacreditável com que, logo após cada ataque, se procurava restabelecer um mínimo de ordem, mesmo depois de 1950, ainda se viam cruzes de madeira

Kämmererstraße: Kein Haus überstand das Inferno

sobre os monturos em cidades como Pforzheim, que, em um único ataque, na noite de 23 de fevereiro de 1945, perdera quase um terço de seus 60 mil habitantes; e, certamente, logo depois da guerra, sopravam pelas cidades alemãs os bafos horrendos que, como escrevia Janet Flanner em março de 1947,[3] eram exalados dos porões escancarados de Varsóvia ao primeiro calor da primavera. Pelo visto, porém, eles não penetraram no sensório dos sobreviventes que perseveraram no local da catástrofe. As pessoas se moviam "pelas ruas entre as ruínas medonhas como se, na verdade, nada houvesse acontecido e [...] esse sempre tivesse sido o aspecto da cidade", diz uma anotação feita por Alfred Döblin no sudoeste da Alemanha, datada do final de 1945.[4] O reverso dessa apatia foi a declaração de recomeço, o inquestionável heroísmo com que se voltou sem demora aos trabalhos de reorganização e remoção dos escombros. Numa brochura dedicada à cidade de Worms entre os anos de 1945 e 1955, lê-se: "O momento requer homens de caráter, íntegros em sua atitude e em seus objetivos. Quase todos se encontram na linha de frente da reconstrução e nela permanecerão anos a fio".[5] No texto encomendado pela pre-

Schöner und breiter erstand sie wieder

feitura a um certo Willi Ruppert, estão inseridas inúmeras fotografias, entre elas ambas as imagens da Kämmererstrasse aqui reproduzidas. Essa destruição total não se apresenta, portanto, como a terrível conclusão de uma aberração coletiva, mas, por assim dizer, como o primeiro estágio de uma reconstrução bem-sucedida. Depois de uma conversa mantida com os diretores da IG-Farben, em Frankfurt, em abril de 1945, Robert Thomas Pell dá testemunho de sua estupefação com a estranha mistura de autocomiseração, autojustificação servil, sentimentos de inocência feridos e teimosia, que notava quando os alemães externavam seu desejo de "reconstruir seu país ainda maior e mais poderoso do que fora no passado"[6] — esse propósito não cedeu em nada com o tempo, como se observa nos cartões-postais que podem ser comprados nas bancas de jornal de Frankfurt por quem viaja hoje pela Alemanha, e enviados, da metrópole no Meno, para todo o mundo. Entrementes já lendária e, de certo ponto de vista, de fato admirável, a reconstrução alemã equivaleu, após as devastações causadas pelos inimigos de guerra, a uma segunda aniquilação, realizada em fases sucessivas, de sua própria história anterior.

FRANKFURT – GESTERN + HEUTE

Assim, tanto pelo trabalho exigido como pela criação de uma nova realidade despida de fisionomia própria, ela impediu de antemão qualquer recordação do passado, direcionando a população, sem exceção, para o futuro e obrigando-a ao silêncio sobre aquilo que enfrentara. São tão escassos e dispersos os testemunhos alemães desse período passado há menos de uma geração que, em

Europa in Trümmern [Europa em ruínas], a coletânea de reportagens publicada por Hans Magnus Enzensberger em 1990, só figuram jornalistas e escritores estrangeiros, com trabalhos de que, na Alemanha, sintomaticamente, mal se tinha conhecimento até então. Os poucos relatos redigidos em língua alemã provêm de antigos exilados ou outros autores periféricos, como Max Frisch. Os que permaneceram no país — e, como Walter von Molo e Frank Thiess na malfadada controvérsia sobre Thomas Mann, se jactavam de ter persistido na pátria na hora da desgraça, enquanto outros estavam aboletados em seus camarotes na América — se abstiveram de qualquer comentário a respeito do processo e do resultado da destruição, o que se deve também e em grande parte ao temor de, no caso de uma descrição próxima da realidade, caírem em desprestígio junto às autoridades de ocupação. Contra a suposição geral, esse déficit em testemunhar as experiências de então não foi compensado pela literatura do pós-guerra, que se reconstituiu conscientemente a partir de 1947 e da qual seria legítimo esperar alguma elucidação sobre a verdadeira situação. Se a velha guarda da chamada emigração interna estava ocupada, antes de mais nada, em construir uma nova reputação e, como nota Enzensberger, em evocar a ideia de liberdade e a herança humanista ocidental por meio de intermináveis e empoladas abstrações,[7] a geração mais jovem, constituída por escritores recém-chegados das frentes de batalha, estava de tal maneira fixada em relatos de sua experiência de guerra que descambava constantemente para o sentimentalismo e o queixume, e, assim, parecia mal ter olhos para os horrores da época, visíveis por todos os lados. Até a tão propalada Literatura dos Escombros, *Trümmerliteratur*, que se impunha programaticamente um senso de realidade incorruptível e que, segundo a profissão de fé de Heinrich Böll, tratava sobretudo de "aquilo que nós [...] encontramos no regresso",[8] mostra-se, numa análise mais cuidadosa, um instrumento previamente sintonizado com a amnésia individual e coletiva, e guiado, talvez, por processos pré-conscientes de autocensura para o encobrimento de um mundo que se tornara incompreensível. O verdadeiro estado da destruição material e moral em que o país inteiro se encontrava não podia ser descrito em virtude de um acordo tácito e válido igualmente para todos. Os aspectos mais sombrios do ato final da destruição, vivenciado em conjunto pela ampla maioria da população alemã, permaneceram um segredo familiar tão vergonhoso, submetido a uma espécie de tabu, que não se podia confessá-lo, quiçá, nem a si próprio. De todas as obras literárias surgidas no fim dos anos 1940, apenas o romance de Heinrich Böll *O anjo silencioso*[9] oferece de fato uma ideia aproximada da dimensão do horror que ameaçava tomar conta de qualquer um que realmente olhasse para as ruínas ao seu redor. Sua leitura deixa logo claro que justo esse texto, que parece contaminado por uma melancolia sem cura, seria intolerável para os leitores da época, como a editora e seguramente até o próprio Böll acreditavam, vindo, por isso, a ser publicado apenas em 1992, com quase cinquenta anos de atraso. De fato, o 17º capítulo, que retrata a agonia da sra. Gompertz, é de um agnosticismo tão radical que, mesmo hoje, mal o conseguimos suportar. O sangue escuro que, nessas páginas, forma coágulos pegajosos e jorra entre espasmos pela boca da moribunda, se derrama sobre seus seios, manchando o lençol e escorrendo pela borda da cama até pingar no chão e ali formar uma poça que cresce com rapidez, esse sangue retinto, muito preto, como Böll expressamente salienta, é a alegoria da *acedia cordis* que se volta contra a vontade de sobreviver, aquela depressão pálida, já sem remédio, em que os alemães deveriam ter caído diante de um final como esse. Além de Heinrich Böll, apenas outros poucos autores, como Hermann Kasack, Hans Erich Nossack, Arno Schmidt e Peter de Mendelssohn, ousaram mexer no tabu imposto sobre a destruição exterior e interior, mas, em grande parte das vezes, como ainda se demonstrará, de maneira bastante questionável. E, mesmo anos mais tarde, quando os historiadores da guerra e os historiadores regionais começaram a documentar a ruína das cidades alemãs, o fato de que as imagens desse capítulo horroroso de nossa história jamais adentraram a consciência nacional, não se alterou em nada. Essas compilações, que pareciam estranhamente intocadas pelo objeto de sua pesquisa, foram, via de regra, publicadas em lugares e editoras inusitados — *Feuersturm über Hamburg* [Tempestade de fogo sobre Hamburgo], de Hans Brunswig, por exemplo, foi lançado em 1978 pela editora Motorbuch, de Stuttgart —, servindo em primeiro lugar à higienização ou eliminação de um conhecimento incomensurável ao juízo normal, e não ao intento de aprender a entender melhor a espantosa capacidade de autoanestesia de uma coletividade oriunda, aparentemente sem dano psíquico relevante, da guerra de aniquilamento. A ausência quase total de transtornos mais profundos na vida anímica da nação alemã denota que a sociedade da nova República Federal delegou a um mecanismo de recalque as experiências vividas durante o período de sua pré-história. Esse mecanismo de funcionamento perfeito lhe permitiu reconhecer efetivamente que havia surgido da degradação absoluta, mas, ao mesmo tempo, possibilitou que essa origem fosse completamente excluída de sua economia emocional, chegando até a ser encarada como um mérito adicional no catálogo de tudo o que se conseguiu suportar com sucesso e sem o menor sinal de fraqueza interior. Enzensberger alerta que não se compreende "a enigmática energia dos alemães, caso se relute contra a ideia de que eles converteram seu defeito em virtude. A falta de consciência", escreve ele, "foi a condição de seu sucesso".[10] Entre os pressupostos do milagre econômico alemão não se encontram apenas as enormes quantias investidas por meio do Plano Marshall, a erupção da Guerra Fria e o sucateamento de instalações industriais ultrapassadas, realizado com brutal eficiência pelos esquadrões de bombardeiros, mas também a ética inquestionável do trabalho aprendida na sociedade totalitária, a capacidade de improvisação logística de uma economia pressionada por todos os lados, a experiência no emprego da chamada mão de obra estrangeira e a perda, que, no fim das contas, apenas uns poucos lamentaram, da pesada carga histórica consumida pelas chamas entre 1942 e 1945, junto com as casas residenciais e comerciais seculares de Nuremberg e Colônia, de Frankfurt, Aachen, Braunschweig e Würzburg. Na gênese do milagre econômico alemão, são esses os fatores de alguma maneira identificáveis. O catalisador, no entanto, foi uma dimensão puramente imaterial: a corrente de energia psíquica até hoje não exaurida, cuja fonte é o segredo guardado por todos sobre os cadáveres amuralhados nos alicerces de nossa entidade estatal, um segredo que uniu os alemães nos anos após a guerra e ainda hoje os une com força maior do que qualquer objetivo positivo, como, por exemplo, a realização da democracia. Talvez não seja incorreto lembrar essas conexões logo agora que o grande projeto europeu, já duas vezes fracassado, entra em uma nova fase, e a esfera de influência do marco alemão quase coincide — a História tem lá seu jeito de se repetir — com a zona ocupada pela Wehrmacht em 1941.

Nas décadas posteriores a 1945, não houve na Alemanha, ao que eu saiba, um debate público questionando a legitimação estratégica ou moral do plano de uma guerra de bombardeio irrestrito preconizado por grupos dentro da Royal Air Force desde 1940, e posto em prática a partir de fevereiro de 1942, à custa de um enorme volume de recursos humanos e bélico-econômicos — e isso, ao que me parece, principalmente porque um povo que assassinara e maltratara até a morte milhões de seres humanos nos campos de extermínio, não estava propriamente em condições de exigir das forças vencedoras informações sobre a lógica político-militar que ditou a destruição das cidades alemãs. Além do mais, como insinua o relato de Hans Erich Nossack sobre a devastação de Hamburgo, não se pode excluir a hipótese de que, apesar de toda a raiva impotente e encarniçada diante da insanidade evidente, dentre os que sofreram com os ataques aéreos não foram poucos os que encaravam os incêndios gigantescos como uma punição justa, quando não como um ato de retaliação de uma incontestável instância superior. Fora os comunicados da imprensa nazista e da rádio do Reich, em que se falava, sempre no mesmo tom, de ataques terroristas sádicos e gângsteres aéreos bárbaros, sabe-se que só muito raramente aconteceu de alguém protestar contra a campanha de destruição empreendida anos a fio pelos aliados. Há diversos relatos de que, diante da catástrofe que então ocorria, os alemães se puseram em um estado de muda fascinação. "Agora já não era mais tempo", escrevia Nossack, "de se fazer distinções tão mesquinhas, como entre amigos e inimigos."[11] Contrastando com a reação, na maior parte passiva, dos alemães à destruição de suas cidades, que foi assimilada como um destino fatal, o programa de aniquilamento foi desde o início motivo de intensas discussões na Grã-Bretanha. Não só lorde Salisbury e George Bell, bispo de Chichester, criticaram reiteradamente e com grande veemência, tanto na Câmara dos Lordes quanto diante de um público mais amplo, a estratégia dos ataques direcionados em primeira linha contra a população civil, por não ser defensável nem segundo o direito de guerra nem moralmente, mas o próprio *establishment* militar estava dividido na sua avaliação sobre essa nova modalidade de conduzir a guerra. A permanente ambivalência no julgamento da guerra de aniquilamento tornou-se ainda mais pronunciada depois da capitulação incondicional. Na medida em que começaram a aparecer na Inglaterra relatos e fotografias das consequências dos bombardeios de saturação, cresceu a repulsa àquilo que se havia feito, por assim dizer, às cegas. "In the safety of peace",* escreve Max Hastings, "the bombers' part in the war was one that many politicians and civilians would prefer to forget."[12] Nem mesmo a retrospecção histórica trouxe algum esclarecimento acerca desse dilema ético. Na literatura de memórias persistiram as contendas entre as diferentes frações, enquanto o juízo do historiador, que se quer objetivo e ponderado, oscila entre o deslumbramento diante da organização de uma empresa tão grandiosa e a crítica quanto ao caráter estéril e condenável de uma ação insensata e levada impiedosamente a cabo. A origem da estratégia do chamado *area bombing* remonta à posição extremamente marginal em que a Grã-Bretanha se encontrava em 1941. A Alemanha chegara ao ápice de seu poder, suas tropas haviam conquistado todo o continente e estavam na iminência de avançar sobre a África e a Ásia, deixando os britânicos sem qualquer possibilidade real de intervenção, simplesmente abandonados ao seu destino insular. Diante dessa perspectiva, Churchill escreveu ao lorde Beaverbrook que só haveria um único meio de obrigar Hitler a voltar a um confronto direto, "and that is an absolutely devastating exterminating attack by very heavy bombers from this country upon the Nazi homeland".[13] Todavia não existiam absolutamente os pressupostos para uma operação de tal monta. Faltavam estruturas produtivas, bases aéreas, programas de treinamento para a tripulação dos bombardeiros, explosivos eficientes, novos sistemas de navegação assim como quase qualquer tipo de experiência que se pudesse aproveitar. Os planos bizarros que foram considerados seriamente no início dos anos 1940 mostram como a situação era desesperadora. Cogitou-se,

---

* A tradução das citações em inglês foi acrescentada ao fim das respectivas notas, entre colchetes. (N. T.)

por exemplo, lançar estacas com pontas de ferro sobre os campos agrícolas, para impedir a colheita das safras. Um glaciologista exilado, chamado Max Perutz, ocupou-se de experimentos para o projeto Habbakuk, do qual deveria resultar um gigante porta-aviões inafundável, feito de *pykrete*, uma espécie de gelo reforçado artificialmente. Para a época, não eram muito menos fantásticas as tentativas de construir uma rede protetora de raios invisíveis ou os complicados cálculos realizados por Rudolph Peierls e Otto Frisch na Universidade de Birmingham, fazendo surgir no horizonte a possibilidade de construção de uma bomba atômica. Diante desse pano de fundo de ideias que beiravam o improvável, não causa espanto que a estratégia muito mais compreensível do *area bombing* — que, apesar da pouca precisão, permitia a um tipo de front móvel varrer o país inimigo de ponta a ponta — finalmente se impusesse e fosse sancionada pela resolução governamental de fevereiro de 1942 "to destroy the morale of the enemy civilian population and, in particular, of the industrial workers".[14] Essa diretiva não tinha surgido, portanto, como sempre se afirma, do desejo de terminar a guerra rapidamente através de um emprego maciço de bombardeiros; ela era, antes disso, simplesmente a única possibilidade de intervir na guerra. A crítica que mais tarde se fez ao programa de destruição em sua ferrenha brutalidade (tendo em vista também as vítimas do lado britânico) dirigia-se sobretudo à persistência com que ele fora mantido mesmo quando ataques seletivos muito mais precisos, direcionados, por exemplo, a fábricas de rolamentos, instalações de óleo e combustíveis, pontos de confluência de transporte e artérias principais, poderiam ter produzido em curtíssimo tempo, como Albert Speer registrou em suas memórias,[15] uma paralisação do sistema de produção como um todo. Na crítica à ofensiva de bombardeamento aponta-se também que, já na primavera de 1944, se notava que apesar dos ataques ininterruptos a moral da população alemã continuava visivelmente inabalada, a produção industrial fora prejudicada apenas marginalmente e o fim da guerra não havia sido antecipado um dia sequer. Se, mesmo assim, os objetivos estratégicos da ofensiva não foram modificados e as tripulações dos bombardeiros, frequentemente recém-saídas das escolas, permaneciam expostas à sorte de uma roleta que custava sessenta vidas entre cem, então isso tem, na minha opinião, motivos que a historiografia oficial pouco leva em consideração. Consumindo, segundo as estimativas de A. J. P. Taylor, um terço da produção bélica britânica,[16] um empreendimento de dimensões materiais e logísticas como as ofensivas de bombardeiros implicava, por um lado, uma dinâmica própria tal que praticamente impedia correções de curso ou limitações a curto prazo, sobretudo num momento em que, depois de três anos de intensiva expansão das instalações de fabricação e de infraestrutura, essa ação atingira seu mais alto grau de desenvolvimento, quer dizer, a maior capacidade de destruição. Deixar o material uma vez produzido, as aeronaves e sua preciosa carga, simplesmente sem utilização, pousado nas bases aéreas do Leste inglês, afrontava o instinto econômico saudável. Para o prosseguimento da ofensiva também deve ter sido decisivo o valor propagandístico que as notícias sobre o trabalho sistemático de destruição publicadas dia após dia nos jornais ingleses possuíam: num período em que não havia nenhum outro tipo de contato com o inimigo no continente europeu, elas terão sido absolutamente indispensáveis para o sustento da moral britânica. Por essas razões não se cogitou destituir Sir Arthur Harris de sua função (comandante em chefe do Bomber Command) quando ainda defendia sua estratégia com intransigência, mesmo diante de seu evidente fracasso. Alguns comentadores afirmam também "that 'Bomber' Harris had managed to secure a peculiar hold over the otherwise domineering, intrusive Churchill",[17] pois, apesar de o primeiro-ministro haver manifestado diversas vezes certos escrúpulos contra os terríveis bombardeios de cidades sem defesa, ele se tranquilizou, claramente sob a influência de Harris, que não admitia nenhuma contra-argumentação, com a ideia de que então estaria em marcha uma justiça poética mais elevada, como ele dizia, "that those who have loosed these horrors upon mankind will now in their homes and persons feel the shattering strokes of just retribution".[18] De fato, muito leva a crer que, com Harris, chegara ao topo do Bomber Command um homem que acreditava, segundo Solly Zuckerman, na destruição pela destruição,[19] e assim correspondia como ninguém ao princípio mais essencial de qualquer guerra, o aniquilamento mais completo possível do inimigo, incluindo aí suas moradias, sua história e seu ambiente natural. Elias Canetti relacionou o aspecto fascinante do poder, em sua mais pura expressão, com o número crescente de vítimas amontoadas por ele. Exatamente nesse sentido, a invulnerabilidade da posição de Sir Arthur Harris provinha de seu interesse ilimitado pela destruição. Seu plano de sucessivos bombardeios de saturação, que se manteve irredutível até o fim, era de uma lógica tão arrebatadoramente simples que, diante dela, todas as alternativas estratégicas reais, como o corte do abastecimento de combustíveis, haviam de parecer puras manobras de distração. A guerra de bombardeio era a guerra pura, escancarada. Contrariando qualquer razão, seu desenrolar faz transparecer que, como Elaine Scarry escreve em *The body in pain*, um livro particularmente perspicaz, as vítimas de guerra não são um sacrifício necessário no caminho para se alcançar um objetivo, seja ele qual for, mas sim, no exato sentido da palavra, são elas próprias esse caminho e esse objetivo.[20]

Bastante dispersas umas das outras nos mais diferentes aspectos e, em regra, fragmentárias, a maioria das fontes sobre a destruição das cidades alemãs é de uma cegueira extraordinária para a experiência vivida, fruto de uma perspectiva extremamente estreita, parcial ou excêntrica. A primeira reportagem ao vivo de um ataque a Berlim que o Home Service da BBC transmitiu, por exemplo, é desde logo frustrante para quem espera uma visão dos acontecimentos a partir de uma perspectiva mais elevada. Como, apesar do perigo sempre presente, não acontecia nessas excursões noturnas praticamente nada que pudesse ser descrito, o repórter (Wilfred Vaughn Thomas) tem que se arranjar com um mínimo de teor de realidade. Se não surge uma sensação de tédio, é apenas graças à ênfase que ele imprime uma vez ou outra à sua voz. Nós escutamos como os pesados bombardeiros Lancaster levantam voo no cair da noite e partem logo em seguida, com o branco litoral por baixo, sobrevoando o mar do Norte. "Now, right before us", comenta Vaughn Thomas em um *tremolo* sensível, "lies darkness and Germany."[21] Durante o voo até as primeiras baterias de holofotes da linha Kammhuber, reproduzido naturalmente de forma bastante abreviada, a tripulação é apresentada aos ouvintes: Scottie, o engenheiro de voo, que antes da guerra fora projecionista de cinema em Glasgow; Sparky, o bombardeador; Connolly, "the navigator, an Aussie from Brisbane"; "the mid-upper gunner who was in advertising before the war and the rear gunner, a Sussex farmer."[22] O capitão permanece anônimo. "We are now well out over the sea and looking out all the time towards the enemy coast."[23] Diversas observações e instruções técnicas são trocadas. Por vezes só se ouve o ruído dos grandes motores. Aproximando-se da cidade, se precipitam os acontecimentos. Entremeados pelos salvas luminosos da bateria antiaérea, canhões de luz se debruçam sobre as aeronaves; um caça noturno é abatido. Vaughn Thomas tenta ressaltar o clímax dramático falando de uma "wall of search lights, in hundreds, in cones and clusters. It's a wall of light with very few breaks and behind that wall is a pool of fiercer

light, glowing red and green and blue, and over that pool myriads of flares hanging in the sky. That's the city itself! [...] It's going to be quite soundless", continua Vaughn Thomas, "the roar of our aircraft is drowning everything else. We are running straight into the most gigantic display of soundless fireworks in the world and here we go to drop our bombs on Berlin".[24] Depois desse prelúdio, porém, não acontece praticamente mais nada. Tudo ocorre com rapidez demasiada. O avião já evacua a zona-alvo. A tensão da tripulação se dissolve num rompante repentino de loquacidade. "Not too much nattering",[25] adverte o capitão. Mas alguém ainda diz: "By God, that looks like a bloody good show",[26] e outro acrescenta: "Best I've ever seen".[27] E então, depois de certo tempo, um terceiro, um pouco mais baixo, quase num tom de reverência: "Look at that fire! Oh boy!".[28] Quantos desses grandes incêndios não havia nessa época. Certa feita ouvi um canhoneiro de bordo contar que, de seu assento na cabine de pilotagem traseira, ainda se podia ver Colônia queimando mesmo quando eles já estavam afastados, sobrevoando o litoral holandês: era uma mancha de fogo na escuridão, semelhante à cauda de um cometa imóvel. De

Erlangen ou Forchheim, seguramente também se veria como Nuremberg ardia em chamas; das elevações em torno de Heidelberg via-se o clarão sobre Mannheim e Ludwigshafen. Na noite de 11 de setembro de 1944, o príncipe de Hesse se encontrava nos confins de seu parque e contemplava Darmstadt, a quinze quilômetros de distância. "O brilho da luz aumentava sem parar, até que, ao sul, todo o céu incandesceu atravessado por raios vermelhos e amarelos."[29] Um prisioneiro da pequena fortaleza de Theresienstadt se lembra de reconhecer claramente da janela de sua cela o reflexo vermelho-brasa sobre Dresden, a uma distância de setenta quilômetros, e de ouvir os impactos surdos das bombas como se alguém da vizinhança arremessasse pesadas sacas num porão.[30] Levado a Dachau pelos fascistas pouco antes do final da guerra, por conta de declarações subversivas, vindo a sucumbir ali de tifo, Friedrich Reck escreveu em seu diário — de suma importância como real testemunho de época — que, no ataque aéreo a Munique em julho de 1944, o tremor do solo se estendeu até Chiemgau, e que as janelas se romperam com o impacto de ondas de pressão.[31] Se esses eram sinais inconfundíveis de uma catástrofe que cobria todo o país, não costumava ser, contudo, fácil conseguir saber algo mais preciso sobre o tipo e a escala da destruição. À necessidade de saber, se contrapunha a tendência de bloquear os sentidos. Por um lado corria uma enormidade de desinformação, por outro, histórias verdadeiras que iam além de qualquer capacidade de apreensão. Em Hamburgo, dizia-se, jaziam 200 mil mortos. Reck conta que não se podia acreditar em tudo, pois ouviu muito sobre "o estado psíquico totalmente perturbado desses refugiados de Hamburgo [...] de sua amnésia e da maneira como eles perambulavam, vestindo apenas pijamas, do jeito em que escaparam do desabamento de suas casas".[32] Nossack também relata algo parecido. "Não se podia obter nos primeiros dias nenhuma informação precisa. O que era contado nunca conferia nos detalhes."[33] Sob choque do que fora vivenciado, a capacidade de recordação tinha sido, pelo visto, em parte suspensa, ou trabalhava compensatoriamente segundo um padrão arbitrário. Os que escaparam à catástrofe eram testemunhas pouco confiáveis, acometidas de uma cegueira parcial. Escrito apenas por volta de 1970, o texto de Alexander Kluge em que é lançada por fim a questão acerca das consequências do chamado *moral bombing*, "Der Luftangriff auf Halberstadt am 8. April 1945" [O ataque aéreo a Halberstadt em 8 de abril de 1945], cita um psicólogo militar americano que, por conta das conversas que tivera depois da guerra em Halberstadt com sobreviventes, ficou com a impressão de que "a população, apesar de uma vontade de narrar que parecia inata, perdera a capacidade psíquica de recordar, justamente nas áreas destruídas da cidade".[34] Essa suposição atribuída a uma pessoa pretensamente real, embora aqui possa se tratar de um dos conhecidos artifícios pseudodocumentais de Kluge, é certamente precisa na identificação de tal síndrome, pois, nos relatos daqueles que escaparam somente com a vida, persiste, em todo caso, algo de descontínuo, uma qualidade peculiarmente errática que é tão incompatível com uma instância normal de memória que logo desperta a aparência de invenção e de boatos. Esse aspecto de algum modo inverídico dos relatos das testemunhas oculares provém também das expressões estereotipadas que elas muitas vezes empregam. Inapreensível em sua extrema contingência, a realidade da destruição total esmorece atrás de fórmulas fixas como "um pasto de chamas", "noite fatídica", "labaredas ao céu", "o diabo estava à solta", "o inferno diante de nossos olhos", "o terrível destino das cidades alemãs" e tantas outras parecidas. Sua função é esconder e neutralizar os acontecimentos que extrapolam a capacidade de compreensão. Ouvida pelo americano especialista em catástrofes de Kluge, tanto em Frankfurt como em Führt, Wuppertal, Würzburg e Halberstadt,[35] a frase feita "Naquele dia terrível em que nossa linda cidade foi arrasada" na verdade não é mais que um gesto de defesa diante da recordação. Mesmo a anotação de diário de Victor Klemperer sobre a destruição de Dresden se atém aos limites traçados pela convenção linguística.[36] Com o que nós sabemos hoje sobre a queda de Dresden, parece-nos improvável que alguém que estivesse sobre o terraço Brühl na época, coberto de centelhas e vendo o panorama da cidade incandescente, pudesse escapar daí com o juízo intacto. Aparentemente ileso, o funcionamento continuado da linguagem normal na maioria dos relatos de testemunhas oculares levanta a dúvida sobre a autenticidade da experiência neles contida. Consumindo dentro de poucas horas todos os seus prédios e árvores, seus moradores, os animais domésticos, os equipamentos e as instalações de toda espécie, a morte pelo fogo de uma cidade inteira tinha que resultar numa sobrecarga e paralisia da capacidade de pensar e de sentir daqueles que conseguiram se salvar. Os relatos de testemunhas individuais têm, portanto, apenas um valor relativo e dependem da complementação por aquilo que se revela a um olhar sinótico, artificial.

No alto verão de 1943, durante um longo período de calor, a Royal Air Force, apoiada pela Oitava Frota Aérea dos Estados Unidos, fez uma série de ataques aéreos a Hamburgo. Apelidada de "Operação Gomorrha", o objetivo dessa ação era aniquilar e incinerar a cidade da maneira mais completa possível. No ataque da noite de 28 de julho, que começou à uma hora da manhã, 10 mil toneladas de bombas explosivas e incendiárias foram descarregadas sobre a zona residencial intensamente povoada a leste do Elba, que engloba os bairros de Hammerbrook, Hamm Norte e Sul, Billwerder Ausschlag, bem como parte de St. Georg, Eilbek, Barmbek e Wandsbek. Seguindo um procedimento já experimentado, bombas explosivas de 4 mil libras [cerca de 1800 quilos] despedaçavam inicialmente todas as janelas e as portas, arrancando-as dos caixilhos; com dispositivos incendiários leves, atingiam-se então os sótãos, ao mesmo tempo em que bombas incendiárias com um peso de até quinze quilos penetravam nos pavimentos mais profundos. Dentro de poucos minutos, em toda a área atacada — cerca de vinte quilômetros quadrados — queimavam fogueiras gigantescas que iam se juntando em tal velocidade que, quinze minutos após o lançamento das primeiras bombas, todo o espaço aéreo formava um mar de chamas contínuo, até onde se podia enxergar. E, cinco minutos depois, à 1h20, se ergueu uma tempestade de fogo com uma intensidade que nenhum ser humano teria imaginado possível até aquele momento. Chamejando por 2 mil metros céu adentro, o fogo arrebatava o oxigênio com tamanha violência que as correntes de ar atingiram a força de um furacão, e trovejavam como órgãos poderosos cujos registros tivessem sido acionados ao mesmo tempo. Esse incêndio durou três horas. No seu ponto culminante, a tempestade levantou frontões e telhados de casas, revirou pelo ar vigas e outdoors inteiros, arrancou árvores do solo e açoitou as pessoas em fuga como se fossem tochas vivas. Por trás de fachadas que desmoronavam, as chamas atingiam a altura dos prédios, rolando pelas ruas como uma torrente numa velocidade superior a 150 km/h, e rodopiando em ritmos bizarros pelos espaços abertos, como cilindros de fogo. Em alguns canais a água incandescia. Nos vagões dos bondes, as janelas de vidro derretiam; o estoque de açúcar fervia nos porões das confeitarias. Os que fugiam de seus abrigos caíam em contorções grotescas no asfalto dissolvido, que rompia em volumosas bolhas. Ninguém sabe ao certo quantos morreram nessa noite ou quantos enlouqueceram antes que a morte os atingisse. Quando a manhã despontou, a luz do sol não atravessava a escuridão de chumbo sobre a cidade. A fumaça su-

bira até uma altura de 8 mil metros e lá se expandira como uma gigantesca nuvem cúmulo-nimbo em forma de bigorna. Um calor latejante, que os pilotos dos bombardeiros relataram ter sentido através da fuselagem de suas aeronaves, foi exalado ainda por muito tempo pelas montanhas de escombros fumegantes em brasa. Bairros residenciais com uma malha de ruas totalizando duzentos quilômetros estavam completamente arrasados. Por toda parte havia corpos terrivelmente desfigurados. Em alguns ainda tremeluziam as chamas azuladas do fósforo, outros, assados, apresentavam uma cor marrom ou púrpura e tinham minguado a um terço de seu tamanho natural. Jaziam encolhidos nas poças de sua própria gordura já parcialmente resfriada. Em agosto, depois do arrefecimento dos escombros, quando as brigadas de prisioneiros e internos dos campos de concentração puderam dar início aos trabalhos de desobstrução no interior da zona da morte — decretada área interditada logo nos dias seguintes ao ataque —, foram encontradas pessoas que, arrebatadas pelo monóxido de carbono, ainda se encontravam sentadas à mesa ou apoiadas na parede; em outros lugares, havia pedaços de carne e ossos ou montes inteiros de corpos escaldados pela água fervente lançada pelas caldeiras que explodiram. Outros, por sua vez, foram carbonizados e reduzidos a cinzas pela brasa que atingira a temperatura de mais de 1000 °C, a tal ponto que os restos mortais de famílias inteiras podiam ser retirados em um único cesto de roupa.

O êxodo dos sobreviventes de Hamburgo iniciou ainda na noite do ataque. Começou, como escreve Nossack, "uma viagem ininterrupta por todas as estradas das cercanias [...] sem que se soubesse para onde".[37] Os 1,25 milhão de refugiados chegaram até as regiões mais afastadas do Reich. Sob a data de 20 de agosto de 1943, na obra já citada anteriormente, Friedrich Reck relata que um grupo de quarenta a cinquenta desses refugiados tentava assaltar um trem na estação da Alta Baviera. Nisso, uma mala de papelão caiu "sobre a plataforma, rompeu-se e espalhou o seu conteúdo. Brinquedo, uma nécessaire de manicure, roupas chamuscadas. Por fim, estorricado e mumificado, um cadáver de criança que a mulher meio louca carregava consigo como reminiscência de um passado poucos dias antes ainda intacto".[38] Dificilmente se pode imaginar que Reck tivesse inventado essa cena estarrecedora. De uma maneira ou de outra, a notícia dos horrores da destruição de Hamburgo deve ter se espalhado por todos os cantos da Alemanha entre os refugiados gravemente transtornados, que cambaleavam entre o desejo histérico de sobrevivência e uma profunda apatia. Pelo menos o diário de Reck é uma comprovação de que, apesar da censura oficial que impedia qualquer informação mais precisa, não era impossível se inteirar do fim horroroso das cidades alemãs. Reck escreve também, um ano mais tarde, sobre as dezenas de milhares de pessoas que, depois do grande ataque a Munique, acampavam nos jardins da Maximiliansplatz. E prossegue: "Uma enxurrada de refugiados se desloca na rodovia do Reich ali perto, velhinhas alquebradas que carregam às costas varas compridas com uma trouxa contendo seus últimos pertences. Pobres desterradas, com seus vestidos chamuscados, com olhos onde ainda se vê o pavor do redemoinho de fogo, das explosões dilacerantes, do soterramento ou da ignominiosa asfixia num porão".[39] O que chama a atenção nessas anotações é a raridade. De fato, é como se naqueles anos nenhum dos escritores alemães, com a única exceção de Nossack, estivesse disposto ou em condição de pôr no papel algo concreto acerca do processo e das consequências dessa gigantesca campanha de destruição que durou tanto tempo. Depois de terminada a guerra, nada mudou. Condicionado por um sentimento de vergonha ou despeito para com os vencedores, o reflexo quase natural era de se calar ou desviar o olhar. Stig Dagerman, que, no outono de 1946 trabalhava como correspondente na Alemanha para o jornal *Expressen*, escreve de Hamburgo que, viajando de trem a uma velocidade normal pela paisagem lunar entre Hasselbrook e Landwehr, não viu, por todo um quarto de hora, uma pessoa sequer nesse rincão monstruoso, talvez o campo de ruínas mais aterrador de toda a Europa. Como todos os trens na Alemanha, escreve Dagerman, também esse estava muito cheio, mas ninguém olhava pela janela. E ele próprio fora reconhecido como estrangeiro, *porque* olhava para fora.[40] Janet Flanner, que escrevia para a *New Yorker*, fez observações semelhantes sobre Colônia, que, como consta em uma de suas reportagens, se encontrava "em ruínas e na solidão do completo aniquilamento físico [...] totalmente desfigurada [...] à beira de seu rio. O que sobrou de sua vida", continuamos lendo, "batalha arduamente para abrir um caminho por suas ruas transversais cobertas de entulho: uma população encolhida, vestida de preto — muda como a cidade".[41] Essa mudez, essa reclusão e distanciamento é a razão por que sabemos tão pouco sobre o que os alemães pensaram e viram em meia década, entre 1942 e 1947. Os escombros sob os quais eles viviam ficaram sendo a *terra incognita* da guerra. Solly Zuckerman deve ter pressentido esse déficit. Como todos que estiveram diretamente envolvidos nas discussões sobre a estratégia ofensiva mais eficiente e, portanto, tinham certo interesse profissional nos efeitos do *area bombing*, ele também foi conferir com seus próprios olhos, no primeiro momento possível, a cidade de Colônia arruinada. No retorno a Londres, ainda sob impacto do que vira, ele combinou com Cyril Connolly, o então editor da revista *Horizon*, de escrever uma reportagem com o título "Sobre a história natural da destruição". Em sua autobiografia escrita décadas mais tarde, lorde Zuckerman registra o fracasso desse plano. "My first view of Cologne", diz ele, "cried out for a more eloquent piece than I could ever have written."[42] Quando eu perguntei a lorde Zuckerman sobre esse tema, nos anos 1980, ele já não se lembrava mais em pormenores do que gostaria de ter escrito naquela época. Ele só guardava na cabeça a imagem da catedral negra que se erguia em meio a um deserto de escombros, e a de um dedo decepado que encontrara num monte de entulhos.

2.

Como deveria ter começado uma história natural da destruição? Com um panorama dos pressupostos técnicos, logísticos e políticos da operação dos grandes ataques aéreos? Com uma descrição científica do fenômeno até então desconhecido das tempestades de fogo? Com um registro patográfico dos tipos característicos de morte ou com estudos de psicologia do comportamento sobre o instinto de fuga e de volta ao lar? Nossack conta que não havia camas para a enxurrada de população que, depois dos ataques a Hamburgo, "silenciosa e irrefreável, inundou tudo", e, através de pequenas regueiras, levou a desordem aos povoados mais afastados. Mal os refugiados encontravam abrigo em algum lugar, continua Nossack, eles partiam novamente, seguindo adiante ou tentando retornar a Hamburgo, "fosse para salvar alguma coisa ou procurar por familiares", fosse pelas razões obscuras que levam um assassino a voltar ao local do crime.[1] Seja como for, todo dia havia uma enorme multidão em trânsito. Heinrich Böll levantou mais tarde a hipótese de que a mania de viajar das pessoas da República Federal Alemã teria sua origem nessa experiência de desarraigamento coletivo, esse sentimento de que não há mais lugar onde se possa permanecer e de que sempre se deveria estar em outra parte.[2] Os movimentos de fuga e refluxo da população bombardeada seriam, portanto, de um ponto de vista behaviorista, uma espécie de exercício preliminar para a iniciação na sociedade da mobilidade que se formou décadas após a catástrofe, e sob cujos auspícios a movimentação crônica se converteu em uma virtude cardeal.

À parte o comportamento perturbado das próprias pessoas, a alteração mais sensível na ordem natural das cidades durante as semanas posteriores a um ataque de aniquilamento era, sem dúvida, a infestação repentina de vidas parasitárias que medravam nos cadáveres ao léu. A notória escassez de observações e comentários a esse respeito explica-se pela imposição implícita de um tabu bastante compreensível quando se pensa que os alemães, que se propuseram à total limpeza e higienização da Europa, precisavam se defender contra o medo que agora despontava entre eles de, na verdade, serem eles próprios o povo de ratazanas. No romance de Böll que permaneceu inédito à época, há uma passagem em que uma ratazana dos escombros é descrita, como ela sorrateiramente deixa um monte de entulhos e sai farejando pela rua; e Wolfgang Borchert escreveu a bela e conhecida história do garoto que vela diante das ruínas onde seu irmão está soterrado, em que o horror das ratazanas é esconjurado com a garantia de que elas dormiriam durante a noite. No mais, na literatura dessa época, que eu saiba, encontra-se sobre esse tema somente um único trecho em Nossack, onde se lê que os internos das casas de correção, com seus uniformes de listras, empregados na remoção "dos restos de ex-pessoas", precisavam de um lança-chamas para abrir caminho na zona da morte até os cadáveres alojados nos abrigos antiaéreos, tal era a concentração de moscas zunindo ao redor deles e de vermes gosmentos do tamanho de um dedo que cobriam os degraus dos porões e os assoalhos. "Ratazanas e moscas dominavam a cidade. Gordas e desabusadas, as ratazanas perambulavam pelas ruas. As moscas, no entanto, eram ainda mais repugnantes. Grandes, verde-cintilantes como jamais se vira. Rodopiavam aglutinadas sobre o pavimento, ficavam, umas em cima das outras, copulando sobre o que restava das paredes e se aqueciam, cansadas e saciadas, junto aos estilhaços das janelas. Quando já não conseguiam mais voar, rastejavam pelas menores fendas para chegar até nós e conspurcavam tudo — o sussurro e o zumbido delas era o primeiro som que escutávamos ao despertar. Só mais tarde, em outubro, isso acabou."[3] Essa imagem da proliferação das espécies que costumam ser oprimidas de todas as maneiras é um raro documento da vida em uma cidade de escombros. Embora a maioria dos sobreviventes tenha sido poupada do confronto direto com as deformações mais horripilantes da fauna das ruínas, pelo menos as moscas os perseguiram por todos os cantos, para não falar do "odor [...] de apodrecimento e decomposição" que, como escreve Nossack, "pairava sobre a cidade".[4]

Das pessoas que, nas semanas e meses que sucederam à destruição, sucumbiram ao nojo de viver, quase nada nos foi transmitido, mas, pelo menos, Hans, o personagem principal em *O anjo silencioso*, estremece diante da ideia de ter de retomar a vida, e nada lhe parece mais palpável do que simplesmente desistir, "descer silenciosamente as escadas e penetrar noite adentro".[5] Mesmo décadas mais tarde, faltará sintomaticamente uma genuína vontade de viver a muitos dos heróis de Böll. Essa carência que os marca como um estigma no novo mundo do sucesso é a herança dessa existência sob os destroços, sentida como vergonhosa. Uma anotação de E. Kingston-McCloughry informa que, no fim da guerra, muitas pessoas nas grandes cidades arrasadas estavam de fato a ponto de se extinguir. Na nota consta que a perambulação aparentemente a esmo de milhões de desabrigados no meio dessa tremenda devastação era uma imagem terrível, perturbadora ao extremo. Não se sabia onde essas pessoas se abrigavam, muito embora luzes nas ruínas depois do cair da noite mostrassem onde elas haviam se instalado.[6] Encontramo-nos na necrópole de um povo estranho, incompreensível, arrancado de sua existência cívica e de sua história, atirado de volta ao estágio de desenvolvimento de nômades extrativistas. Imaginemos, pois, "erguendo-se para além da linha férrea, por trás dos jardinzinhos pequeno-burgueses, [...] as ruínas carbonizadas da cidade, uma silhueta rasgada e tenebrosa";[7] à frente, uma paisagem com montes de escombros mais baixos, de cor de cimento; uma poeira de tijolo seca e avermelhada, formando grandes nuvens que cruzam a zona da morte; uma única pessoa que remexe no cascalho;[8] uma parada de trem no meio do nada; pessoas que se encontram ali e das quais, como escreve Böll, não se sabe de onde surgiram de repente, parecendo brotar das colinas, "invisíveis, inaudíveis [...] desse plano do nada, fantasmas cujo caminho e cujo destino eram irreconhecíveis: figuras com pacotes e sacos, caixas de papelão e madeira".[9] Viajemos com eles de volta à cidade em que vivem, pelas ruas em que os montes de escombros se acumulam até o primeiro andar das fachadas queimadas e ocas. Vemos gente que montou pequenos fogareiros a céu aberto (como se estivessem na mata virgem, escreve Nossack),[10] onde se cozinha a comida ou se ferve a roupa. Canos de aquecedores que despontam entre os restos das muradas; a fumaça que se espalha devagar; uma velha com um lenço na cabeça e uma pá de carvão na mão.[11] Era assim que ela deveria parecer no ano de 1945, a pátria. Stig Dagerman descreve a vida dos habitantes dos porões em uma cidade na região do Ruhr: a comida execrável que cozinhavam, misturando legumes sujos e passados a pedaços suspeitos de carne; e ele descreve a fumaça, o frio e a fome que reinavam nesses subterrâneos; as crianças tossindo, a água que cobria permanentemente o chão e entrava em

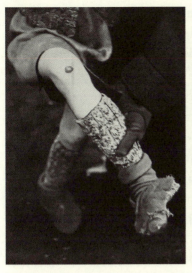 

seus sapatos desmazelados. Dagerman descreve salas de aula onde se tinham usado os quadros-negros para fechar as janelas quebradas, salas de aula tão escuras que as crianças não conseguiam ler os textos. Em Hamburgo, diz Dagerman, ele conversou com um sr. Schumann, um bancário que vivia já pelo terceiro ano no subterrâneo. Os semblantes pálidos dessas pessoas, segundo Dagerman, se pareciam exatamente com os de peixes quando vêm à tona para apanhar um pouco de ar.[12] Tendo permanecido um mês e meio no outono de 1946 na zona de ocupação inglesa, principalmente viajando entre Hamburgo, Düsseldorf e a região do Ruhr, de onde escreveu uma série de reportagens para a imprensa inglesa, Victor Gollancz dá informações detalhadas acerca da deficiência alimentar, dos sintomas de subnutrição, dos edemas causados pela fome, da consumpção, das infecções de pele e do rápido crescimento do número de doentes de tuberculose. Ele também fala da letargia profunda, descrevendo-a como a característica mais marcante àquela época da população das grandes cidades. "People drift about with such lassitude", ele escreve, "that you are always in danger of running them down when you happen to be in a car."[13] O curto comentário "This Misery of Boots", dedicado aos calçados destroçados dos alemães, é talvez o mais surpreendente entre os relatos de Gollancz sobre o país derrotado — ou nem tanto o comentário em si, mas as fotografias que lhe foram anexadas mais tarde para a edição do livro de reportagens, e que o autor, pelo visto fascinado por esse objeto, mandara tirar especialmente, no outono de 1946. Ao tornar o processo de degradação visível de uma forma bastante concreta, fotos como essas integrariam sem a menor dúvida uma história natural da destruição tal como Solly Zuckerman deve ter imaginado a seu tempo. Pode-se dizer o mesmo a respeito da passagem de *O anjo silencioso*, em que o narrador observa que a data da destruição poderia ser determinada a partir da cobertura vegetal das montanhas de destroços. "Era uma questão botânica. Aquele monte de escombros estava nu e calvo, pedra bruta, paredes recém-quebradas [...], em lugar nenhum crescia capim, enquanto em outros locais já cresceram árvores, graciosas arvorezinhas em dormitórios e cozinhas."[14] Em Colônia, no final da guerra, a superfície em ruínas já havia se transformado parcialmente pelo verde que medrava denso sobre ela — as ruas conduziam até lá cortando a nova paisagem como "pacíficos barrancos rurais". Ao contrário das catástrofes de hoje, que se alastram sorrateiramente, o potencial de regeneração da natureza aparentemente não foi prejudicado pelas tempestades de fogo. E em Hamburgo, no outono de 1943, poucos meses depois do grande incêndio, muitas árvores e moitas chegaram a ter uma segunda floração, em especial as castanheiras e os lilases.[15] Se o Plano Morgenthau tivesse efetivamente sido realizado, quanto tempo teria sido necessário até que a cadeia montanhosa de ruínas fosse inteiramente coberta de florestas no país inteiro?

Em vez disso, o outro fenômeno da natureza despertou novamente com uma velocidade surpreendente: a vida social. A capacidade do ser humano de esquecer o que não quer saber, de não fazer caso daquilo que está diante de seus olhos, poucas vezes foi posta à prova de forma tão rigorosa como na Alemanha daquele tempo. Em um primeiro momento, o puro pânico determinou a decisão de prosseguir como se nada houvesse acontecido. O relato de Kluge sobre a destruição de Halberstadt começa com a história de uma funcionária do cinema, a sra. Schrader, que, logo depois da queda de uma bomba, se põe imediatamente a "limpar os escombros" com uma pá da defesa antiaérea, na esperança de terminar a arrumação, conforme declarou, "antes da sessão das

14 horas".[16] No porão, onde encontra diversas partes de corpos cozidas, a arrumação consiste em colocá-los, por enquanto, no tanque de roupa. Por ocasião de seu retorno a Hamburgo, algumas semanas após o ataque, Nossack conta ter visto uma mulher limpando as janelas de uma casa que "permanecera de pé, sozinha e intacta, em meio ao deserto de ruínas". "Achamos que víamos uma maluca", ele escreve e continua: "o mesmo ocorreu quando vimos crianças limpando e arando um jardim. Isso era tão incompreensível que nós contávamos aos outros como se fosse algo de outro mundo. Um dia chegamos a um subúrbio inteiramente intacto. As pessoas sentadas nas sacadas tomavam o seu café. Era como um filme; no fundo, era impossível".[17] O estranhamento de Nossack se origina naquela que seria necessariamente a perspectiva de uma vítima que se vê confrontada com uma falta de sensibilidade moral beirando o desumano. Não se espera que uma colônia de insetos fique paralisada pelo luto diante da destruição de uma colônia vizinha. Da natureza humana, no entanto, espera-se certa dose de empatia. Nesses termos, a manutenção da ordem pequeno-burguesa de seguir tomando café nas sacadas de Hamburgo, no final de julho de 1943, tem algo de assustador, absurdo e escandaloso, mais ou menos como os bichos de Grandville, que, vestidos como seres humanos e munidos de talheres, se alimentam de um companheiro da mesma espécie. Por outro lado, a rotina cotidiana que desconsidera as rupturas catastróficas — desde assar um bolo para compor a mesa do café, até a persistência dos ritos culturais mais elevados — é o meio mais eficiente e natural de preservar o chamado bom senso. Nesse contexto se insere também o papel desempenhado pela música na evolução e na derrocada do Reich alemão. Sempre que se queria esconjurar a seriedade do momento, convocava-se a grande orquestra, e o regime se locupletava do gesto afirmativo do final sinfônico. Nada mudou quando os tapetes de bombas foram estendidos sobre as

cidades alemãs. Alexander Kluge se recorda da transmissão de *Aida* pela Rádio Roma na noite anterior ao ataque a Halberstadt. "Estamos sentados no quarto do meu pai diante do aparelho de madeira marrom com visor iluminado que indica as emissoras estrangeiras. E ouvimos a música secreta que vem de longe, distorcida, sobreposta ao relato de algo sério que nosso pai resume para nós em alemão. À uma hora os amantes são estrangulados na cripta."[18] Um sobrevivente conta que, às vésperas do ataque arrasador a Darmstadt, ele "ouvira no rádio alguns cantos do mundo sensual do rococó na música encantadora de Strauss".[19] Vendo nas fachadas vazias de Hamburgo arcos do triunfo, ruínas dos tempos do Império Romano ou estruturas de palco para uma ópera fantástica, Nossack olha do alto de um monte de entulhos para um deserto de onde se levanta apenas o portal do jardim do Convento. Ali, em março, ele ainda assistira a um concerto. "E uma cantora cega cantara: 'O penoso tempo de sofrimento recomeça agora'. Simples e segura, ela, de pé, se apoiava no cravo, e os seus olhos mortos passavam por cima das futilidades que àquele tempo já nos faziam então tremer, se dirigindo talvez para o lugar onde agora nos encontrávamos. Era um mar de pedras que nos rodeava."[20] Essa associação entre a mais extrema profanidade e o sagrado, evocada aqui por uma experiência musical, é um artifício que se mantém até mesmo depois do fim. "Um terreno ondulado de tijolos, embaixo os soterrados, em cima as estrelas; ali só as ratazanas ainda se movem. À noite assisti à *Ifigênia*", registrou Max Frisch em Berlim.[21] Um observador inglês se lembra de uma apresentação de ópera na mesma cidade, imediatamente depois do armistício. "In the midst of such shambles only the Germans", diz ele, com uma admiração um tanto ambígua, "could produce a magnificent full orchestra and a crowded house of music lovers."[22] Quem poderia negar que eles eram movidos por sentimentos de gratidão por estarem a salvo, esses ouvintes que naquele momento,

por todo o país, escutavam com os olhos brilhando a música que mais uma vez se alçava? Mas, mesmo assim, não se pode deixar de perguntar se o que lhes estufava o peito não era o orgulho perverso por nunca na história da humanidade alguém ter se arvorado tanto e suportado tanto quanto os alemães. A crônica de tudo isso é a história de vida do compositor alemão Adrian Leverkühn, que Zeitblom, mestre-escola de Freising, escreve inspirado por seu *ghost-writer* em Santa Barbara no momento em que a cidade de Dürer e Pirckheimer é reduzida a cinzas e a vizinha Munique também é atingida pelo Juízo Final. "Prossigo no meu relato", escreve ele, "meus compassivos leitores e amigos. Na Alemanha, desencadeia-se a catástrofe. Nos escombros das nossas cidades, os ratos cevam-se de cadáveres."[23] Em o *Doutor Fausto*, Thomas Mann apresenta uma crítica histórica abrangente de uma arte que tende sempre mais a uma visão apocalíptica do mundo e, ao mesmo tempo, a confissão de seu próprio envolvimento. Do público para o qual fora imaginado, provavelmente apenas alguns poucos entenderam esse romance, pois as pessoas estavam por demais ocupadas ou com solenidades realizadas sobre a lava ainda mal arrefecida ou com a tentativa de se livrar de qualquer suspeita. Ninguém se envolvia com a complicada questão da relação entre ética e estética que atormentava Thomas Mann. No entanto, como se pode notar pelas deficiências das escassas transposições do aniquilamento das cidades alemãs para a literatura, ela teria sido de importância central.

Ao lado de Heinrich Böll, cujo melancólico romance de escombros, *O anjo silencioso*, permaneceu inacessível ao público literário por mais de quarenta anos, no desfecho da guerra apenas Hermann Kasack, Hans Erich Nossack e Peter de Mendelssohn escreveram de fato sobre o tema da destruição das cidades e a sobrevivência em um país de ruínas. À época, os três autores estiveram ligados por esse interesse comum. Kasack e Nossack mantiveram contato regular a partir de 1942, quando trabalhavam em *Die Stadt hinter dem Strom* [A cidade atrás do rio] e em *Nekyia*, respectivamente. Vivendo no exílio inglês e mal tendo podido captar a verdadeira medida da destruição na sua primeira viagem de volta à Alemanha, em maio de 1945, Mendelssohn, por sua vez, certamente em virtude dessa impressão, notou na obra de Kasack, publicada então na primavera de 1947, um testemunho de época da maior atualidade. Ainda no verão, ele escreve uma resenha entusiasmada, procura uma editora inglesa para o livro, põe-se imediatamente a traduzi-lo e, a partir desse envolvimento com Kasack, dá início em 1948 à redação do romance *Die Kathedrale* [A catedral], que, a exemplo dos trabalhos de Kasack e Nossack, é concebido como uma tentativa literária no âmbito da destruição total. A narrativa, escrita em língua inglesa, foi ultrapassada pelas inúmeras tarefas de que Mendelssohn esteve incumbido enquanto, a serviço do governo militar, ocupou-se com a reconstrução da imprensa alemã; ficou fragmentária e, como tal, foi publicada na tradução do próprio Mendelssohn apenas em 1983. O texto-chave desse grupo é, sem dúvida, *Die Stadt hinter dem Strom*, uma obra à qual se atribuiu então, em geral, importância fundamental e que foi considerada, por muito tempo, um ajuste de contas definitivo com a loucura do regime nacional-socialista. "Por conta de um único livro", escreveu Nossack, "existia novamente uma literatura alemã de nível, surgida aqui e crescida sobre os nossos escombros."[24] É, porém, uma questão diferente saber em que exato sentido a ficção de Kasack correspondia à situação alemã da época e o que significava a filosofia que ele extrapolou dessa situação. A imagem da cidade atrás do rio, em que "a vida, por assim dizer, transcorre subterrânea",[25] é, em todos os seus traços, claramente a de uma comunidade destroçada. "Das casas das ruas circunvizinhas, se erguiam apenas as fachadas, de modo que, olhando de viés, se podia enxergar a superfície do céu através das fileiras de janelas desnudas."[26] Poder-se-ia argumentar que inclusive a apresentação da "vida sem vida"[27] que a população levava nesse interregno, foi estimulada pela real condição econômica e social do período entre 1943 e 1947. Não se via em parte alguma sequer um veículo, e os pedestres vagavam indiferentes pelas ruas de escombros, "como se não sentissem mais o desespero do lugar [...]. Em prédios desmoronando, despojados de sua finalidade, podiam-

-se observar outras pessoas que procuravam restos do mobiliário soterrado, seja recolhendo um pequeno pedaço de metal ou arame no meio dos entulhos, seja juntando pedaços de madeira nas bolsas a tiracolo que mais pareciam sacolas de herborização".[28] Nos mercados destelhados se oferecem diversas tralhas em parca variedade: "Havia casacos e calças estendidos, cintos com fivelas prateadas, gravatas e lenços coloridos, mais adiante se amontoavam sapatos e botas de todo tipo, que em geral se encontravam em estado bastante duvidoso. Em outros pontos, pendurados em cabides, havia ternos amassados de diversos tamanhos, jaquetas típicas e camisolas camponesas de modas passadas. Tudo isso entremeado por meias cerzidas, curtas e compridas, e camisas, chapéus e redes postas à venda indiscriminadamente".[29] Em passagens desse tipo, as relações reduzidas de vida e economia se tornam palpáveis como bases empíricas da narrativa. Contudo, elas não se encaixam para formar uma imagem abrangente do mundo dos escombros. São, pelo contrário, meros requisitos para um plano superior de mitificação de uma realidade que, em sua forma bruta, se recusa à descrição. Em conformidade, as esquadrilhas de bombardeiros também parecem acontecimentos transreais. "Como que insuflados pelo deus Indra, cuja crueldade no momento da destruição supera as forças demoníacas, os mensageiros da morte ascendiam em bando para arrasar os pavilhões e as casas das grandes cidades, em uma dimensão cem vezes mais agressiva do que quaisquer guerras assassinas anteriores, com a precisão e a contundência do apocalipse".[30] Em exagero alegórico, figuras com máscaras verdes, membros de uma seita secreta, que exalam um cheiro insosso de gás e, quem sabe, querendo simbolizar aqueles que foram assassinados nos campos de extermínio, aparecem num embate com os espantalhos do poder que, inflados a um tamanho sobrenatural, anunciam um domínio blasfemo até murcharem em seus uniformes como invólucros vazios, deixando para trás um fedor dos diabos. Quase ao estilo de Syberberg, essa encenação, que se vale dos aspectos mais questionáveis da fantasia expressionista, vê-se na parte final do romance diante do desafio de conferir significado ao que não tem sentido. Nessa ocasião, o pensador com mais tempo de serviço no império dos mortos de Kasack anuncia "que, há muito tempo, os trinta e três iniciados concentravam as suas forças para abrir e ampliar a esfera asiática por tanto tempo resguardada, a fim de dar passagem às reencarnações, e que seus esforços pareciam ter aumentado de modo a incluir a esfera do Ocidente na ressurreição do espírito e da carne. Esse intercâmbio entre o tesouro existencial asiático e europeu, que se realizara até então de modo apenas paulatino e isolado, pode ser bem observado em uma série de fenômenos".[31] De outros ensinamentos do mestre Magus, que representa no romance de Kasack a instância máxima de sabedoria, decorre em seguida que a morte de milhões de pessoas ocorreu em toda a sua enormidade "para dar espaço às reencarnações que pressionavam. Um sem-número de seres humanos foi chamado prematuramente para que, como sementes, como um renascimento apócrifo, pudessem ressuscitar a tempo em um espaço vital até então vedado". A seleção de palavras e conceitos dessas passagens, tão comuns na epopeia de Kasack, mostra com assustadora clareza que a linguagem secreta,[32] pretensamente cultivada pela emigração interna, era em grande parte idêntica ao código do pensamento fascista. Para o leitor de hoje é difícil perceber como Kasack, bem ao estilo de sua época, deixava de lado a incrível realidade da catástrofe coletiva para se ater a filosofemas pseudo-humanistas e orientais, e a um palavrório excessivamente simbólico; e como ele, por meio da organização geral de seu romance, faz questão de se inserir na comunidade mais elevada dos homens voltados exclusivamente para as coisas do espírito, aqueles que, na cidade atrás do rio, conservam como arquivistas a memória da humanidade. Com *Nekya*,

Nossack também cai na tentação de fazer os horrores reais desaparecerem através da arte de abstração e trapaças metafísicas. Exatamente como *Die Stadt hinter dem Strom, Nekya* é o relato de uma viagem ao reino dos mortos; a exemplo de Kasack, aqui também há instrutores, mentores, mestres, ancestrais, arquétipos femininos, muita disciplina patriarcal e muito da obscuridade pré-natal. Estamos, portanto, no meio da província pedagógica alemã, que começa com a visão idealista de Goethe, passando por *Der Stern des Bundes* [A estrela da aliança], de Stefan George, até chegar a Stauffenberg e a Himmler. Trata-se de uma elite que atua antes e acima do Estado, e se quer guardiã de um conhecimento misterioso. Apesar de seu completo descrédito na prática social, recorria-se mais uma vez a esse modelo para esclarecer aqueles que escaparam somente com a vida da destruição total sobre o sentido supostamente metafísico de sua experiência. Isso comprova uma fixação ideológica que ultrapassava em muito a consciência do autor individual e só poderia ser corrigida por um olhar que não se desviasse da realidade.

A despeito de sua nefasta inclinação à lucubração filosófica e à falsa transcendência, não se pode negar a Nossack o mérito de ter sido o único escritor de sua época a tentar redigir o que realmente vira na forma menos ornamentada possível. É verdade que também no seu relato de prestação de contas sobre a queda de Hamburgo, volta e meia vem à tona a retórica da fatalidade; diz-se que a face do ser humano teria sido santificada em função da travessia para o eterno[33] e as coisas tomam afinal um rumo alegórico e fabuloso; mas, no geral, ele se preocupa antes de mais nada com os simples dados da realidade, com a estação do ano e o tempo, a perspectiva do observador, o ruído triturante da esquadrilha se aproximando, o clarão vermelho no horizonte, com a condição física e psíquica dos que fugiram da cidade, com o cenário incendiado, as chaminés que estranhamente permaneceram de pé, as roupas que secam no varal diante da janela da cozinha, com uma cortina rasgada que balança ao vento na varanda vazia, com o sofá da sala e sua colcha de crochê e inúmeras outras coisas para sempre perdidas, e com o entulho sob o qual elas estão enterradas, com a terrível vida nova que se agita ali embaixo, e a avidez repentina do ser humano por perfume. O imperativo moral de que pelo menos *alguém* tem que pôr no papel o que aconteceu naquela noite de julho em Hamburgo acarreta uma ampla renúncia a quaisquer exercícios estéticos. O relato é feito de maneira desapaixonada, como se falasse "de um acontecimento horrível do período pré-histórico".[34] Um grupo de pessoas é carbonizado nesse porão à prova de bombas porque as portas emperraram e o depósito de carvão nos compartimentos adjacentes pegou fogo. Foi isso que aconteceu. "Todos tinham se afastado das paredes quentes em direção ao centro do porão. Ali eles foram encontrados, apertados uns contra os outros, inchados pelo calor."[35] O tom do relato é o do mensageiro na tragédia. Nossack sabe que, com frequência, esses mensageiros são enforcados. No seu memorando sobre a queda de Hamburgo, insere-se a parábola de uma pessoa que diz ter a obrigação de contar o que aconteceu e é linchada pelos ouvintes sob o pretexto de que ele difundiria um frio mortal. Os que resgatam um sentido metafísico da destruição são poupados, em regra, de um destino tão infame. Seu negócio é menos perigoso que a recordação concreta. Em um artigo dedicado ao diário do dr. Hachiya de Hiroshima, Elias Canetti coloca a questão do que significa sobreviver a uma catástrofe de tal dimensão, para então responder que isso pode ser deduzido de um texto que, a exemplo das anotações de Hachiya, se caracterize por sua precisão e responsabilidade. "Se fizesse sentido indagar", escreve Canetti, "pela forma de literatura indispensável atualmente — indispensável aos homens capazes de saber e de observar — então essa é a forma."[36] O mesmo poderia ser dito a respeito do relato de Nossack sobre a queda da cidade de Hamburgo, texto singular inclusive dentro da obra do próprio autor. Em compasso com a sua objetividade quase sempre inteiramente despretensiosa, o ideal do verdadeiro mostra-se, diante da total destruição, como a única razão legítima para o prosseguimento da atividade literária. A produção de efeitos estéticos e pseudoestéticos com base nas ruínas de um mundo arrasado é, ao revés, um procedimento que rouba da literatura a sua legitimação.

Nesse sentido, um exemplo dificilmente superável são as passagens constrangedoras que se estendem por páginas e mais páginas no fragmento de narrativa de Peter de Mendelssohn, *Die Kathedrale*, que (felizmente, se poderia dizer) permaneceram longo tempo sem ser publicadas e que receberam pouca atenção mesmo depois de seu lançamento. Ele começa com Torstenson, o herói da história, saindo de um porão entulhado na manhã seguinte a um forte ataque aéreo. "Ele suava, o sangue martelava contra as suas têmporas. Deus do céu, ele pensou, isso é horripilante, não sou mais nenhum rapaz; há dez, há cinco anos, algo assim não teria a menor importância para mim; mas agora eu estou com quarenta e um, saudável, me encontro bem, quase ileso, enquanto todo o mundo ao redor de mim parece estar morto, e as minhas mãos tremem e os joelhos fraquejam, e eu preciso de toda a minha força para sair desse monte de escombros. De fato parecia que todos ao seu redor estavam mortos; o silêncio era absoluto; ele gritou algumas vezes para saber se alguém estaria ali, mas não obteve nenhuma resposta da escuridão."[37] Nesse estilo que oscila entre os deslizes gramaticais e a imitação barata, sem deixar de citar toda a sorte de horror, pretende-se comprovar de algum modo que o autor não titubeia em reproduzir a realidade da destruição em seus aspectos mais drásticos. No entanto, persiste também aí uma tendência nefasta para o melodramático. Torstenson vê "a cabeça torta e desfigurada de uma velha espremida dentro de um caixilho quebrado", e teme que no escuro as suas botas de travas possam "escorregar sobre o calor desprendido de um seio feminino esmagado".[38] Torstenson teme, Torstenson vê, Torstenson pensou, teve a sensação, estava na dúvida, avaliou, irritou-se consigo mesmo, estava indisposto — uma perspectiva egomaníaca, sustentada a duras penas pelo mecanismo arrastado do romance. É dessa perspectiva que precisamos acompanhar o enredo de uma história cujo corte grandiosamente banal parece ter sido tomado dos roteiros que Thea von Harbou escreveu para Fritz Lang, mais precisamente, do *script* para a megaprodução *Metrópolis*. A arrogância do homem técnico é, inclusive, um dos temas principais do romance de Mendelssohn. Como jovem arquiteto — apesar de o autor desmentir, não são casuais as alusões a Heinrich Tessenow e seu célebre aluno Albert Speer —, Torstenson construiu a gigantesca catedral, a única obra arquitetônica a se manter de pé no campo de ruínas. A segunda dimensão da narrativa é o aspecto erótico. Torstenson procura por Karena, seu primeiro amor, a bela filha do coveiro, que provavelmente se encontra soterrada nos escombros. A exemplo de Maria em *Metrópolis*, Karena é uma santa pervertida pelo poder dominante. Torstenson se recorda de seu primeiro encontro com ela na residência do livreiro Kafka, que, exatamente como o necromante Rotwang do filme de Lang, mora em uma casa curvada, repleta de livros e equipada com alçapões. Naquela noite de inverno, lembra-se Torstenson, Karena vestia um capuz que parecia queimar por dentro. "O forro vermelho e as madeixas douradas sobre as suas bochechas se fundiram em uma coroa de chamas, ela emoldurava seu rosto, que permanecia quieto e intocado, e parecia até sorrir timidamente"[39] — sem dúvida uma espécie de imitação da santa Maria das catacumbas, que, mais tarde, transformada em mulher-robô, aparece a serviço de Fredersen, o senhor de Metrópolis. Karena comete uma traição parecida quando Torstenson vai para o exílio, e ela passa para o lado de Gossensass, o novo detentor do poder. De acordo com Mendelssohn, o livro deveria terminar com Torstenson partindo pelo mar afora na barcaça que fora utilizada na retirada dos escombros, e, de lá, enquanto o entulho mergulha nas profundezas, ele contempla a cidade inteira no fundo do mar, sã e salva, como uma segunda Atlântida. "Tudo o que está destruído lá em cima encontra-se intacto aqui embaixo, e tudo o que lá em cima ainda está de pé, a catedral principalmente, falta aqui embaixo."[40] Torstenson desce por uma escada aquática até a cidade afundada, é preso lá embaixo e precisa se defender perante um tribunal para salvar a própria vida — essa também é uma visão fantástica bem ao estilo de Thea von Harbou. A coreografia das massas, a marcha do exército vencedor sobre a cidade destruída, a entrada da população sobrevivente na catedral, tudo isso guarda o traço inconfundível de Lang/Harbou, assim como a repetida condensação do enredo em um kitsch que vai de encontro a todas as boas maneiras literárias. Depois de um menino órfão correr em sua direção logo no início do romance, Torstenson se depara na sequência com uma jovem de dezessete anos de idade, que escapara de um campo de prisioneiros. Quando se encontram face a face pela primeira vez, "sob a forte luz do sol", na escadaria da catedral, os trapos de sua blusa caindo dos ombros, e Torstenson a observa, assim consta, "com serena meticulosidade". "Ela era uma garota suja, sebenta, com a pele marcada por manchas verdes e azuis de pancadas, e tinha cabelos negros e cheios, mas, na esbelteza e docilidade de sua juventude, era bela como uma deusa dos bosques da Antiguidade."[41] E, como convém, descobre-se que a jovem se chama Aphrodite Homeriades e (mais um *frisson*) é uma judia grega de Salônica. Torstenson, que no início cogitara dormir com essa beleza rara, finalmente a conduz até o jovem alemão, numa espécie de cena de reconciliação, para que ele aprenda com ela o segredo da vida — mais um reflexo, poder-se-ia dizer, das tomadas finais de *Metrópolis*, rodadas diante do portão de uma imponente catedral. Não é fácil resumir tudo o que Mendelssohn (com a melhor das intenções, deve-se supor) espalha de lascívia e kitsch racista genuinamente alemão diante do leitor. De qualquer maneira, a liberdade ficcional desenfreada com que Mendelssohn trabalha o tema da cidade destruída marca o polo oposto da sobriedade prosaica a que Nossack se atém nas melhores passagens de seu registro protocolar, *Der Untergang* [A queda]. Enquanto Nossack consegue se aproximar dos horrores desencadeados pela Operação Gomorrha com comedimento proposital, Mendelssohn, ao longo de suas mais de duzentas páginas, se entrega cegamente ao sensacionalismo.

Outro tratamento literário da realidade da destruição, de índole bem diferente mas não menos questionável, encontra-se quase no final do pequeno romance de Arno Schmidt, *Aus dem Leben eines Fauns* [Momentos da vida de um fauno], publicado em 1953. Se já é um pouco indelicado apontar para os deslizes dos escritores que mais tarde se tornaram meritíssimos presidentes de academia, é ainda mais temeroso arranhar a imagem do artista da palavra que vivia retirado em Bargfeld. Creio, no entanto, que se pode colocar um ponto de interrogação depois do dinâmico engajamento verbal por meio do qual Schmidt encena aqui o teatro de um ataque aéreo. Sem dúvida a intenção do autor é tornar de alguma maneira explícito o redemoinho da destruição na linguagem descentrada; eu não vejo, porém, quando leio um trecho como o que se segue, em nenhum lugar, o que deveria de fato importar: a vida no terrível momento de sua desintegração. "*Um tanque de álcool enterrado se agitou até se libertar*, desenrolou-se como selenita no calor da palma da mão, e se desfez em um Halemaumau (de onde vertiam riachos de fogo: um policial ordenou estarrecido ao da direita que parasse e evaporou em serviço). Uma nebulosa obesa se ergueu sobre o armazém, estufou a pança abobadada e arrotou uma cocadaveira no ar, riu gutural: opa!, e, deglutindo, cruzou os braços e as pernas em desarranjo, voltou-se esteatopígica, e expeflatulou rajadas inteiras de tubos de ferro incandescente, infinitamente, a virtuose, levando os arbustos a tartamudear reverências."[42] Não enxergo nada do que é descrito ali, só vejo o autor, ao mesmo tempo diligente e obstinado, no seu trabalho de ornamentação linguística. É típico de quem tem a bricolagem como hobby fabricar sempre a mesma coisa a partir de um procedimento uma vez desenvolvido — Schmidt também, mesmo nesse caso extremo, não abre mão de sua receita: dissolução caleidoscópica dos contornos, visão antropomorfa da natureza, a selenita tirada do arquivo, uma ou outra raridade lexical, elementos grotescos e metafóricos, humorísticos e onomatopaicos, ordinários e refinados, braquiais, brisantes e bruitistas. Não acredito que minha aversão pelo vanguardismo exibicionista do estudo de Schmidt sobre o momento da destruição decorra de uma atitude fundamentalmente conservadora em relação à forma e à linguagem, pois, ao contrário desse exercício de digitação, as notas descontínuas de Jäcki durante suas investigações acerca do ataque a Hamburgo no romance de Hubert Fichte, *Detlevs Imitationen "Grünspan"* [As imitações de Detlev "Azinhavre"], me convencem plenamente como método literário, antes de tudo provavelmente porque não apresentam um caráter abstrato e imaginário, mas concreto e documental. É apenas com o estilo documental, que tem em *Der Untergang* de Nossack um precursor remoto, que a literatura alemã do pós-guerra encontra de fato seu caminho e começa seus estudos sérios sobre um material incomensurável para a estética tradicional. É 1968, o ano em que o ataque a Hamburgo completa o seu 25º aniversário. Jäcki encontra na biblioteca de medicina de Eppendorf um pequeno volume publicado em 1948, de folhas grossas, bastante amareladas, do tempo anterior à reforma monetária. O título: *Re-*

sultados das pesquisas patológico-anatômicas por ocasião do ataque a Hamburgo nos anos 1943-1945. Com trinta ilustrações e onze tabelas. No parque — "Vento fresco nos lilases. Ao fundo, o banheirão, o vaso, o mijador que fica à noite enxameado pelas bichas do Alster" — Jäcki folheia o livro emprestado: "b. A autópsia dos cadáveres encolhidos. Para o procedimento havia cadáveres encolhidos pelo calor com sintomas secundários de decomposição mais ou menos avançada. Nesses corpos encolhidos não se podia cogitar uma dissecação com bisturis e tesouras. Primeiramente, as roupas tinham que ser retiradas, o que, devido à rigidez excepcional dos corpos, só se conseguia, em regra, cortando-as ou esfarrapando-as, com a danificação de partes do corpo. Cabeças e extremidades, caso tivessem ainda mantido a ligação com o corpo no curso do resgate e do transporte, podiam ser separadas sem dificuldade, dependendo do grau de ressecamento das articulações. Sempre que as cavidades corporais não estivessem expostas devido à dilaceração do tegumento, fazia-se necessário o osteótomo ou a serra para separar a pele enrijecida. A solidificação e o encolhimento dos órgãos internos impediam o uso de bisturi; com frequência, alguns órgãos, particularmente os órgãos torácicos ainda ligados a traqueia, aorta e carótidas, podiam ser arrancados em bloco, com o diafragma, fígado e rins. Era em geral muito difícil separar com o bisturi órgãos em estado avançado de autólise ou já completamente endurecidos pela ação do calor; massas de tecido ou resíduos de órgãos macerados, moles, argilosos, pastosos, escamosos ou farelentos eram despedaçados, dilacerados, esfolhados ou esmigalhados".[43] Aqui, em uma descrição técnica da destruição reiterada de um corpo mumificado pela tempestade de fogo, percebe-se uma realidade que o radicalismo linguístico de Schmidt ignora por completo. Aquilo que a sua linguagem artificiosa esconde, aparece bem diante dos nossos olhos na linguagem dos administradores do horror que realizam o seu trabalho sem questionamento e sem muitos escrúpulos, talvez, como Jäcki suspeita, para colher alguns louros à margem da catástrofe. O documento elaborado a serviço da ciência por um certo dr. Sigfried Gräff deixa entrever o abismo de uma alma blindada contra tudo. O valor ilustrativo desses achados autênticos, que fazem qualquer ficção empalidecer, também determina o trabalho arqueológico de Alexander Kluge nos montes de entulho de nossa existência coletiva. Seu texto sobre o ataque aéreo a Halberstadt começa no momento em que a programação do cinema Capitol, bem-sucedida ao longo dos anos e que previa para aquele dia 8 de abril a exibição do filme *Heimkehr* [De volta à barbárie], com Paula Wessely e Attila Hörbiger, é interrompida por uma instância superior, o programa de destruição, e a sra. Schrader, a experiente funcionária do cinema, tenta remover os destroços antes do início da sessão das 14 horas. O aspecto quase humorístico dessa passagem, a que eu já me referi anteriormente, resulta da extrema discrepância entre os campos de atuação ativa e passiva da catástrofe, ou seja, a inadequação das reações da sra. Schrader, que parecem reflexos condicionados; para ela "a devastação da ala direita do teatro não guardava qualquer relação de fato ou dramatúrgica com o filme exibido".[44] Igualmente irracional parece a mobilização de uma companhia de soldados encarregados de desenterrar e selecionar "cem cadáveres em parte bastante mutilados, uns de dentro da terra, outros de depressões reconhecíveis",[45] sem que soubessem o propósito desse "procedimento" nas condições imperantes. O fotógrafo desconhecido, abordado por uma patrulha militar, que afirma "que queria fixar a cidade em chamas, a desgraça de sua cidade natal",[46] age como a sra. Schrader, orientando-se por seu instinto profissional; sua intenção de ainda documentar inclusive o fim só não resulta absurda porque as suas fotografias, que Kluge anexou ao texto, chegaram até nós, o que não era muito de se esperar, tendo em vista a previsão que lhe era possível à

época. A sra. Arnold e a sra. Zacke, sentinelas da torre, munidas com cadeiras dobráveis, lanternas de bolso, garrafas térmicas, pacotes de pão, binóculos e transmissores de rádio, continuam a dar seus informes com disciplina colegial, mesmo quando a torre sob seus pés parece já se mexer e o revestimento de madeira começa a incendiar. A sra. Arnold morre sob uma montanha de escombros com um sino no topo, enquanto a sra. Zacke, com a coxa fraturada, permanece deitada por horas, até ser resgatada pelos moradores que fogem das casas no Martiniplan. Os convidados de uma cerimônia de casamento no restaurante Zum Ross já estão enterrados há doze minutos desde o alarme geral, todos juntos, inclusive suas diferenças sociais e animosidades — o noivo provinha de uma família de posses de Colônia, a noiva, de Halberstadt, das classes baixas. Essas e muitas outras histórias que constituem o texto mostram que os indivíduos e os grupos atingidos, no meio da catástrofe, ainda não se encontram em condições de avaliar o potencial de fato da ameaça, nem de desviar-se do comportamento social que lhes fora prescrito. Já que no desenrolar acelerado da catástrofe, como salienta Kluge, o tempo normal e "a elaboração sensorial do tempo"[47] se desencontram, só teria sido possível para os moradores de Halberstadt "conceber medidas emergenciais praticáveis com os cérebros de amanhã", diz Kluge. Para ele, isso não quer dizer que, ao revés, toda investigação retrospectiva da história de tais catástrofes seja em vão. O processo de aprendizagem que se consuma *a posteriori* é, antes — e essa é a *raison d'être* do texto que Kluge compilou trinta anos após o acontecimento —, a única possibilidade de redirecionar as idealizações que se manifestam no íntimo dos seres humanos para a antecipação de um futuro que não esteja previamente ocupado pelo medo resultante da experiência recalcada. Algo parecido passa pela cabeça da professora de escola primária Gerda Baethe, que aparece no texto de Kluge. No entanto, como observa o autor, para a realização de uma "estratégia partindo de baixo" como a que Gerda imagina, "seriam necessários, desde 1918, 70 mil professores ensinando com afinco e ao longo de vinte anos, todos decididos como ela, em cada um dos países envolvidos na guerra".[48] A perspectiva de um outro decurso da história eventualmente possível que aqui se abre deve ser compreendida, a despeito de sua coloração irônica, como um sério apelo para construir um futuro contra todos os cálculos de probabilidade. Kluge descreve em detalhes a organização social da desgraça programada pelas falhas que a história vai sempre arrastando consigo e potencializando. Essa descrição implica a conjectura de que uma compreensão correta das catástrofes que nós encenamos sem cessar constitui o primeiro pressuposto para a organização social da felicidade. Por outro lado, dificilmente se pode refutar que a forma planificada da destruição, que Kluge atribui ao desenvolvimento das relações de produção industriais, já não parece mais poder justificar o princípio da esperança. A elaboração da estratégia da guerra aérea em sua complexidade gigantesca, a profissionalização das tripulações dos bombardeiros "em funcionários especializados na guerra aérea",[49] a superação do problema psicológico de manter aceso o interesse das tripulações em sua tarefa, apesar do caráter abstrato de sua função, a questão de garantir o curso disciplinado de um ciclo de operações em que "duzentos parques industriais de médio porte"[50] voavam em direção a uma cidade, que técnica usar para que o efeito das bombas acarretasse incêndios de superfície e tempestades de fogo — todos esses aspectos, que Kluge aborda do ponto de vista dos organizadores, permitem reconhecer que o montante de inteligência, capital e força de trabalho envolvidos no planejamento da destruição era de tal ordem que, por conta do potencial acumulado, ele *precisava* ser executado. Um comprovante da irreversibilidade de um processo semelhante encontra-se em uma entrevista datada de 1952 entre o repórter de Halberstadt, Kunzert, e o brigadeiro Frederick L. Anderson, da Oitava Frota Aérea dos Estados Unidos, que Kluge interpolou em seu texto e na qual Anderson, do ponto de vista militar, adentra na questão de saber se não teria sido possível desviar o ataque caso uma grande bandeira branca feita com seis lençóis fosse agitada a tempo do alto das torres da igreja. As explicações de Anderson culminam em uma declaração que permite enxergar a ponta notoriamente irracional de toda argumentação racionalista. Ele aponta para o fato de que

as bombas levadas eram, em última instância, "mercadorias caras". "É praticamente impossível atirá-las nas montanhas ou em campos abertos depois de terem sido fabricadas no país de origem com emprego de tamanha mão de obra."[51] A consequência das imposições que prevalecem no processo de produção, das quais nem os responsáveis, sejam eles indivíduos ou grupos, podem se furtar, nem mesmo com a maior boa vontade, é a cidade arruinada que aparece diante de nós numa fotografia anexada ao texto de Kluge. A foto é acompanhada de uma legenda com a seguinte citação de Marx: "Vê-se como a *indústria*, em sua história e em sua existência, que se tornou *objetiva*, é o livro *aberto* das *forças da consciência humana*, a *psicologia* humana existindo em sua forma [...]" (grifos de Kluge).[52] A história da indústria como o livro aberto do pensamento e sentimento humanos — é possível que a teoria materialista do conhecimento, ou outra teoria do conhecimento qualquer, subsista diante de tal destruição? Ou não temos aí, pelo contrário, o exemplo irrefutável de que as catástrofes que, de certo modo, preparamos sem notar, e depois parecem irromper de repente, antecipam numa espécie de experimento o ponto em que, de nossa história que por tanto tempo consideramos autônoma, recaímos na história natural? "(O sol 'pesa' sobre a 'cidade', pois quase não há sombras.) Nos terrenos cobertos de entulho e no traçado de ruas apagado pelo mundo de ruínas, surgem, depois de alguns dias, trilhas que remetem vagamente aos antigos caminhos. É notável o silêncio que paira sobre as ruínas. O marasmo engana na medida em que, nos porões, os incêndios ainda persistem, movendo-se subterraneamente de um depósito de carvão para outro. Muitos bichos rastejantes. Algumas áreas da cidade fedem. Grupos de resgate de cadáveres estão em ação. Um odor intenso e 'tranquilo' de queimado repousa sobre a cidade e, depois de alguns dias, se torna 'familiar'." Tanto no sentido literal como metafórico, Kluge olha do alto de um observatório elevado sobre o campo de destruição. O espanto irônico com que ele registra os fatos lhe permite manter a distância indispensável para qualquer compreensão. No entanto, mesmo nele, o mais esclarecido de todos os escritores, se manifesta a suspeita de que não somos capazes de aprender nada da desgraça que causamos, mas, incorrigíveis, apenas seguimos sempre nas trilhas que remetem vagamente aos caminhos antigos. O olhar que Kluge lança sobre a sua cidade natal arrasada é, portanto, apesar de toda a sua tenacidade intelectual, o olhar fixo de pavor do anjo da história, que, como disse Walter Benjamin, vê com os olhos arregalados "uma única catástrofe que acumula incansavelmente ruína sobre ruína, atirando-as a seus pés. Ele bem que gostaria de se deter, despertar os mortos e juntar os fragmentos. Mas uma tempestade sopra do paraíso emaranhando-se em suas asas, e é tão forte que o anjo não pode mais fechá-las. Essa tempestade o impele irresistivelmente para o futuro, ao qual ele dá as costas, enquanto o amontoado de ruínas a sua frente cresce até o céu. O que nós chamamos de progresso é essa tempestade".[53]

3.

As reações desencadeadas pelas conferências de Zurique ainda demandam um *postscriptum*. O que expus ali era, na minha cabeça, apenas uma coletânea não definitiva de observações, materiais e teses que eu supunha precisarem ainda ser completadas e corrigidas em muitos aspectos. Em particular, eu pensava que a minha afirmação de que a destruição das cidades alemãs nos últimos anos da Segunda Guerra Mundial não encontrara espaço na consciência da nação que então se reconstituía, seria contestada com a remissão a exemplos que me escaparam. Não foi, contudo, o que aconteceu. Pelo contrário, tudo o que me foi passado através de dezenas de cartas só fez confirmar minha opinião de que aqueles que nasceram depois, caso quisessem se fiar apenas nos testemunhos dos escritores, dificilmente poderiam fazer uma ideia do decurso, das dimensões, da natureza e das consequências da catástrofe que a guerra de bombardeios representou para a Alemanha. Sem dúvida há um ou outro texto sobre o assunto, mas o pouco que nos foi transmitido pela literatura não guarda nenhuma correspondência, nem em termos quantitativos nem qualitativos, com as experiências coletivas extremas daquele tempo. Como era de supor, o evento da destruição de quase todas as suas maiores cidades e inúmeras menores — fato que não podia passar de jeito nenhum despercebido e que determina a fisionomia da Alemanha até hoje — constituiu-se como um não dizer nada, uma ausência, característico também de outros campos de discurso, desde a conversa em família até a historiografia. Parece-me significativo que a corporação dos historiadores alemães, reconhecidamente uma das mais aplicadas, não tenha até hoje, pelo menos ao que eu saiba, produzido nenhum estudo abrangente, ou mesmo básico, sobre esse tema. Apenas o historiador militar Jörg Friedrich se debruçou mais detidamente, no oitavo capítulo de seu trabalho *Das Gesetz des Kriegs* [A lei da guerra],[1] sobre a evolução e as consequências da estratégia de destruição dos aliados. Sintomaticamente, no entanto, não dedicou a essas explanações, nem de longe, o interesse que elas mereceriam. Esse déficit, que no decurso dos anos se torna para mim cada vez mais claro, escandaloso, recorda-me que eu cresci com a sensação de que algo me era escondido, em casa, na escola e também pelos escritores alemães, cujos livros eu lia na esperança de poder aprender mais sobre as monstruosidades dos bastidores da minha própria vida.

Passei a minha infância e juventude na região fronteiriça do norte dos Alpes, que fora em grande parte poupada dos efeitos imediatos das chamadas "operações bélicas". Quando a guerra terminou, eu acabara de completar um ano de vida. Muito dificilmente, portanto, posso ter conservado as impressões com base nos reais acontecimentos daqueles tempos de destruição. Ocorre-me, porém, até hoje, ao ver fotografias ou filmes documentários da guerra, de me sentir como se nela, por assim dizer, se encontrasse minha origem, e daí, desses horrores que eu sequer vivi, caísse uma sombra sobre mim e da qual eu jamais escaparei completamente.

Em um livro comemorativo sobre a história da vila de Sonthofen, lançado em 1963, por ocasião da emancipação da cidade, lê-se: "Muito nos foi tomado pela guerra, mas nos restou, intacta e florescente como sempre, a nossa magnífica paisagem nativa".[2] Quando leio essa frase, as imagens de caminhos pelos campos, de campinas à beira dos rios, de pastos nas montanhas, se fundem diante dos meus olhos com as imagens da destruição, e são as últimas, de maneira perversa, e não os idílios da primeira infância, entrementes totalmente irreais, que despertam em mim algo como um sentimento nativo, talvez porque representem a realidade mais poderosa, determinante dos meus primeiros anos de vida. Hoje eu sei que, naquele tempo, enquanto estava deitado no chamado "moisés" na varanda de casa em Seefeld e piscava para o céu branco-azulado, em toda a Europa havia nuvens de fumaça suspensas no ar; sobre as batalhas de retirada no Leste e no Oeste, sobre as ruínas das cidades alemãs e sobre os campos de extermínio em que se queimava um sem-número de pessoas de Berlim e Frankfurt, de Wuppertal e Viena, de Würzburg e Kissingen, de Hilversum e Haia, Naumur e Thionville, Lyon e Bordeaux, Cracóvia e Łódź, Szeged e Sarajevo, Salônica e Rodes, Ferrara e Veneza — não há praticamente lugar algum na Europa em que, naqueles anos, não tenha havido deportação para a morte. Até mesmo nos mais afastados vilarejos da ilha da Córsega eu vi placas de homenagem em que está escrito "*morte à Auschwitz*" ou "*tué par les Allemands, Flossenburg, 1944*". O que, de resto, ainda vi também na Córsega, na igreja de Morosaglia sobrecarregada de seu pseudobarroco empoeirado, foi — se me é permitida a digressão —, o quadro do quarto de dormir de meus pais, uma reprodução a

óleo do Cristo em beleza nazarena, antes do início de sua paixão, sentado em profundo recolhimento no azul noturno do jardim de Getsêmani, banhado pela lua. Esse quadro esteve pendurado por muitos anos sobre a cama de casal dos meus pais até que depois, em algum momento, desapareceu, provavelmente quando um novo mobiliário para o dormitório foi adquirido. E agora ele estava lá, ou pelo menos um exatamente igual, aqui na igreja da aldeia de Morosaglia, terra natal do general Paoli, em um canto sombrio, apoiado no pedestal de um altar lateral. Meus pais me contaram que o haviam comprado em 1936, pouco antes de seu casamento, em Bamberg, onde meu pai servia como sargento de transportes no mesmo regimento de cavalaria em que, dez anos antes, o jovem Stauffenberg começara a sua carreira militar. Assim são os abismos da história. Neles se encontra tudo misturado, e o pavor e a vertigem nos tomam quando olhamos lá para baixo.

Escrevi em uma de minhas narrativas que, em 1952, quando me mudei com meus pais e meus irmãos de Wertach, minha cidade natal, para Sonthofen, a dezenove quilômetros de distância, nada me pareceu tão instigante como o fato de que lá as fileiras de casas eram interrompidas aqui e ali por terrenos com ruínas, pois, como escrevi na passagem em questão, desde que estivera uma vez em Munique, praticamente nada se associava para mim tão claramente à palavra cidade como os montes de escombros, paredes corta-fogo e buracos de janela pelos quais se via o vazio do ar. O fato de terem lançado bombas em 22 de fevereiro e 29 de abril de 1945 sobre o lugarejo de Sonthofen, em si completamente insignificante, justificava-se provavelmente pela existência de dois grandes quartéis para os montanhistas e a artilharia, e, além disso, do chamado Castelo da Ordem, uma das três escolas de elite criadas logo depois da tomada do poder para a formação dos quadros dirigentes. No que concerne ao ataque aéreo a Sonthofen, lembro que, na idade de catorze ou quinze anos, perguntei ao

beneficiado que dava as aulas de religião no ginásio de Oberstdorf como as nossas ideias de providência divina eram compatíveis com o fato de que, nesse ataque, nem os quartéis nem o castelo de Hitler terem sido destruídos, mas, por assim dizer, em lugar deles, a igreja paroquial e a igreja do hospital. Não consigo mais me lembrar da resposta que então obtive. O que se pode dizer com certeza é que, por conta dos ataques a Sonthofen, aos cerca de quinhentos mortos e desaparecidos na guerra, se deviam somar mais quase uma centena de vítimas civis, entre as quais, como anotei certa vez, se encontravam Elisabeth Zobel, Regina Salvermooser, Carlo Moltrasia, Konstantin Sohnczak, Seraphine Buchenberger, Cäzilie Fügenschuh e Viktoria Stürmer, uma freira do asilo de idosos cujo nome de ordenação era madre Sebalda. Das construções destruídas em Sonthofen e que não foram reparadas até o início dos anos 1960, me recordo sobretudo de duas. Uma delas era a estação terminal, situada até 1945 no centro do lugar; seu galpão principal era utilizado pela companhia de eletricidade do Allgäu como armazém para rolos de cabos, postes telegráficos e coisas parecidas, enquanto no anexo, em boa parte intacto, todas as noites o professor de música Gogl dava aulas a alguns de seus alunos. No inverno, em especial, era curioso ver como dentro do único espaço iluminado dessa casa arruinada os estudantes deslizavam os arcos sobre suas violas e violoncelos, parecendo estar sentados a bordo de uma jangada que partiria dali rumo à escuridão. A outra ruína de que ainda me lembro era o chamado "Herzschloss", perto da igreja protestante, um casarão da época da virada do século, do qual não restava nada a não ser a cerca de ferro fundido do jardim e o porão. O terreno em que algumas poucas árvores haviam sobrevivido à catástrofe já estava completamente coberto de vegetação nos anos 1950; com frequência, nós, quando crianças, passávamos as tardes inteiras nessa selva que surgira por causa da guerra no centro do lugarejo. Recordo-me que nunca tive coragem suficiente de descer as escadas para os compartimentos do porão. Havia ali um cheiro de podridão e umidade, e eu sempre temia esbarrar com um cadáver de animal ou um corpo humano. Alguns anos mais tarde uma loja de *self-service* foi aberta no terreno da mansão, uma construção térrea, sem janelas, horrorosa, e o lindo jardim de então desapareceu definitivamente sob um estacionamento asfaltado. Em seu denominador mais rasteiro, esse é o principal capítulo na história do pós-guerra alemão. No fim dos anos 1960, na primeira vez em que viajei da Inglaterra para Sonthofen, senti calafrios ao ver o afresco de víveres pintado na parede exterior da loja de *self-service* (como propaganda, parece). Ele media aproximadamente seis metros por dois, e exibia em tons de vermelho, que iam do sangrento ao cor-de-rosa, uma enorme tábua de frios, daquelas que não podiam faltar numa verdadeira mesa de jantar de então.

Mas não sou obrigado a voltar à Alemanha, ao meu lugar de origem, quando quero me recordar do tempo da destruição. Ele me vem com frequência à lembrança mesmo onde eu vivo hoje. Boa parte das mais de setenta bases aéreas de onde partiram os voos de aniquilamento em direção à Alemanha encontrava-se no condado de Norfolk. Delas, em torno de dez continuam sendo instalações militares. Algumas outras estão nas mãos de clubes de aviação. A maioria, no entanto, ficou abandonada depois da guerra. O mato cresceu sobre as pistas; as torres de controle, os *bunkers* e os barracões de lata despontam meio desmoronados na paisagem de aspecto um tanto fantasmagórico. Sentimos ali as almas mortas dos que não retornaram de suas missões ou foram abatidos pelos incêndios gigantescos. Na minha vizinhança imediata, encontra-se o campo de voo de Seething. Por vezes passeio por lá com meu cachorro e fico imaginando como seria nos anos de 1944

e 1945, quando os aviões decolavam com o seu carregamento pesado e voavam sobre o mar com destino à Alemanha. Dois anos antes dessas expedições, durante um ataque a Norwich, um Dornier da Luftwaffe já havia caído em um campo próximo à minha casa. Um dos quatro tripulantes que morreram na ocasião, o primeiro-tenente Bollert, fazia aniversário no mesmo dia que eu e nascera no mesmo ano que meu pai.

Eis os poucos pontos em que a minha trajetória de vida se cruza com a história da guerra aérea. Em si completamente desimportantes, eles não saíam, porém, da minha cabeça, e me serviram de ensejo para finalmente seguir ao menos um pouco mais adiante na investigação dos motivos que levaram os escritores alemães a não quererem ou não poderem descrever a destruição das cidades vivenciada por milhões de pessoas na Alemanha. Tenho plena consciência de que as minhas anotações nada sistemáticas não dão conta da complexidade do objeto. Creio, contudo, que, mesmo na sua forma imperfeita, elas abrem certas perspectivas para a maneira como a memória individual, coletiva e cultural lidam com experiências que extrapolam o limite do suportável. Parece-me também, por causa da correspondência que me chegou nesse período, que as minhas tentativas atingiram um local sensível na economia anímica da nação alemã. Assim que os jornais suíços escreveram sobre as conferências de Zurique, recebi inúmeros pedidos de informação das redações de imprensa, rádio e televisão da Alemanha. Queriam saber se eles poderiam reproduzir trechos do que eu havia dito e se eu estaria disposto a dar entrevistas sobre o assunto. Mas indivíduos também me escreviam desejando ler o texto de Zurique. Algumas dessas solicitações estavam imbuídas da necessidade de ver finalmente os alemães apresentados como vítimas. Outras cartas advertiam, por exemplo, para a reportagem de Erich Kästner, de 1946, sobre Dresden ou para coleções de material histórico-regional e pesquisas acadêmicas, dizendo que a minha tese se embasava na falta de informação. Uma professora aposentada de Greifswald, que lera o artigo no jornal *Neue Zürcher Zeitung*, queixava-se de que a Alemanha permanecia dividida em duas partes. Minhas afirmações, escrevia ela, eram mais uma prova de que as pessoas no Ocidente não sabiam nem queriam saber nada da outra cultura alemã. Pois na antiga República Democrática Alemã (RDA) o tema da guerra aérea não teria sido evitado de forma alguma, e todo ano as pessoas se lembravam do ataque a Dresden. A respeito da instrumentalização do aniquilamento dessa cidade na retórica oficial do Estado alemão oriental, de que fala Günter Jäckel no seu artigo sobre o dia 13 de fevereiro de 1945 nos *Dresdner Hefte* [Cadernos de Dresden],[3] a senhora de Greifswald parecia não fazer a menor ideia.

O dr. Hans Joachim Schröder me escreveu de Hamburgo e enviou uma parte de seu estudo de mil páginas publicado em 1992 pela editora Niemeyer, *Die gestohlene Jahre — Erzählgeschichten und Geschichtserzählung im Interview: Der Zweite Weltkrieg aus der Sicht ehemaliger Mannschaftssoldaten* [Os anos roubados — histórias de narrativas e a narrativa histórica em entrevistas: a Segunda Guerra Mundial na visão de uma companhia de soldados da época], cujo sétimo capítulo, dedicado à destruição de Hamburgo, deixaria claro, segundo Schröder, que a lembrança coletiva dos alemães sobre a guerra aérea não estaria tão morta como eu supunha. Longe de mim duvidar que nas cabeças das testemunhas da época há muita coisa conservada que pode vir à tona por meio de entrevistas. Por outro lado, continua surpreendente o curso estereotipado que essas conversas tomam ao serem registradas. Um dos problemas centrais dos chamados "relatos de experiência" é sua insuficiência intrínseca, sua inconfiabilidade notória, suas lacunas peculiares, sua inclinação ao que já foi dito, à repetição do sempre igual. As investigações do dr. Schröder deixam em boa parte de lado a psicologia da recordação de experiências traumáticas.

Ele se permite, por isso, tratar o relatório absolutamente sinistro do dr. Siegfried Gräff, o (real) anatomista de cadáveres encolhidos, como se fosse apenas mais um documento entre tantos outros. Se o memorando desempenha um importante papel no romance de Hubert Fichte, *Detlevs Imitationen "Grünspan"*, o dr. Schröder parece imune contra o cinismo dos especialistas do terror que aquele relatório incorpora de maneira tão exemplar. Como eu disse, não duvido que havia e ainda há recordações das noites da destruição; só não confio na forma, mesmo a literária, em que são articuladas; não acredito que elas tenham sido um fator relevante na constituição da consciência pública da República Federal da Alemanha, a não ser no sentido estrito da reconstrução.

Em uma carta de leitores sobre um artigo de Volker Hage publicado na revista *Der Spiegel* sobre as conferências de Zurique, o dr. Joachim Schultz, da Universidade de Bayreuth, alertava para o fato de haver encontrado reminiscências mais ou menos detalhadas das noites de bombardeios nos livros juvenis escritos entre 1945 e 1960 que ele pesquisara com seus estudantes, e que, por isso, meu diagnóstico valeria, no máximo, para a "literatura de alto nível". Não li esses livros, mas me custa imaginar que o parâmetro adequado para a descrição da catástrofe alemã tenha sido encontrado em um gênero estabelecido especialmente *ad usum delphini*. Na maioria das cartas que recebi, tratava-se de atender a algum interesse particular. Raramente, no entanto, isso ocorreu de uma maneira tão franca como no caso de professor ginasial sênior de uma cidade da Alemanha ocidental, que usou a publicação no jornal *Frankfurter Rundschau* de uma palestra feita por mim em Colônia como pretexto para me escrever uma longa epístola. O tema da guerra aérea, sobre o qual eu falara também em Colônia, interessava bem pouco ao sr. K., que deve permanecer anônimo. Em vez disso, ele se valeu da oportunidade, não sem antes me fazer alguns elogios em tom de ressentimento mal disfarçado, para me repreender por meus péssimos modos sintáticos. Em especial irritava o sr. K. a anteposição do predicado, que ele julgava o principal sintoma do alemão simplório, cada vez mais comum. Esse mau hábito, que ele chamava de sintaxe asmática, nota-se também em mim, segundo o sr. K., a cada três páginas; e exige então uma prestação de contas sobre o propósito das minhas continuadas infrações contra o correto emprego vernáculo. O sr. K. exibe ainda algumas de suas outras manias linguísticas e qualifica expressamente a si próprio como "inimigo de todos os anglicismos", concedendo, porém, que eu, "por sorte", não os usara muito. A carta do sr. K. continha um anexo com poemas e anotações bastante peculiares, com títulos como "Mais do senhor K." e "Ainda mais do senhor K.", de que tomei conhecimento com não menos preocupação.

No mais, também se achava na correspondência endereçada a mim, todo tipo de amostras literárias, em parte na forma de manuscrito, em parte em autoedições, confeccionados para amigos e familiares. Era quase como se a suspeita que Gehard Keppner (Seebruck) expressara na sua carta de leitor na revista *Der Spiegel* quisesse se confirmar. "Não se deve perder de vista", escreve o sr. Keppner, "que um povo de 86 milhões de pessoas, que outrora foi enaltecido como o povo dos poetas e pensadores, suportou a pior catástrofe de sua história recente com a extinção de suas cidades e a expulsão de milhões de pessoas. É difícil conceber que esses acontecimentos não tenham encontrado um forte eco literário. E com certeza encontraram. Só que poucos deles foram impressos — literatura de gaveta, portanto. Quem se não os meios de comunicação levantou esse muro de tabu [...] e continua a cimentá-lo?" Não importa o que passa pela cabeça do sr. Keppner, cujas observações, como tantas outras cartas de leitores, carregam um leve traço paranoico: o que me foi enviado não permite falar de um eco poderoso e, por assim dizer, subterrâneo para a queda do Reich e para a destruição de suas cidades. Trata-se, pelo contrário, de reminiscências que tendem, em regra, a uma despreocupada vivacidade e se caracterizam por expressões (não intencionais) de determinada orientação social e estado anímico, que me causam enorme desconforto sempre que com elas me deparo. Eis ali o esplêndido mundo de nossas montanhas; o olhar tranquilo que descansa sobre a beleza da pátria; a sagrada festa de Natal; o pastor-alemão Alf que se alegra quando sua dona Dorle Breitschneider vem buscá-lo para passear. Relata-se como vivíamos e o que sentíamos antigamente, um belo encontro no lanche de café com bolo; menciona-se repetidamente a vovó dormindo no jardim ou no quintal; e ouve-se falar dos diversos senhores que vieram para almoçar e desfrutar da agradável companhia. Karl está na África; Fritz, no Leste; um guri brinca pelado no jardim; nossos pensamentos estão agora sobretudo com os soldados em Stalingrado; vovó escreve de Fallingbostel, papai tombou na Rússia; espera-se que a fronteira alemã detenha a maré das estepes; agora, arranjar comida está em primeiro plano; mamãe e Hiltrud serão alojadas por um padeiro, e assim por diante. É difícil definir o tipo de deformação que persiste em tais retrospectivas, mas ela tem seguramente alguma coisa a ver com a característica especial que marca a vida familiar da pequena burguesia na Alemanha. Os casos clínicos que Alexander e Margarete Mitscherlich apresentam em seu trabalho *Die Unfähigkeit zu trauern* [A incapacidade para o luto] permitem ao menos intuir que havia uma ligação entre a catástrofe alemã que ocorreu sob o fascismo de Hitler e a regulação dos sentimentos íntimos na família alemã. Em todo caso, quanto mais eu leio esses relatos de vida, mais me parece evidente a tese das raízes psicossociais da aberração que abarcou toda a sociedade e seguiu seu curso com lógica implacável. Há também juízos acertados, princípios de autocrítica e momentos em que a verdade aterradora chega a despontar na superfície, mas, em geral, retoma-se rapidamente o tom inofensivo de bate-papo, em afronta gritante à realidade daquela época.

Algumas das cartas e anotações que recebi fugiam dos modelos básicos da lembrança familiar; elas manifestavam vestígios de uma inquietação e perturbação ainda efervescentes na consciência dos autores. Uma senhora de Wiesbaden, ao contar que ela, quando criança, ficava especialmente quieta durante os ataques aéreos, escreve sobre o pânico com que mais tarde reagia ao toque do despertador, ao ruído das serras elétricas e aos fogos de artifício de fim de ano. Em outra carta, escrita em trânsito com muita pressa, uma carta ofegante, despejavam-se os fragmentos de recordação de noites passadas nos abrigos antiaéreos e nos túneis do metrô de Berlim, imagens congeladas e declarações desconexas de pessoas que falavam ininterruptamente das joias a serem salvas ou da vagem picada que ficara em casa, já salgada numa bacia; de uma mulher cujas mãos se contraíam em torno da Bíblia em seu colo; e de um velho que apertava contra o peito um abajur que trouxera por alguma razão desconhecida. Esse segurar-se, esse agarrar-se são expressões que aparecem com pontos de exclamação duplos na carta que, em alguns trechos, é quase ilegível. E mais: meu tremor, meus medos, minha raiva — continuam até hoje na minha cabeça.

De Zurique eu recebi uma dúzia de páginas de Harald Hollenstein, que, como filho de uma alemã do Reich e um suíço, passou sua infância em Hamburgo e tem muito a contar do dia a dia nacional-socialista. Se entras aqui como um alemão, lia-se em toda mercearia em uma placa esmaltada em escrita rúnica, *Heil Hitler* dever ser a saudação, lembra-se Hollenstein. Ele também narra os primeiros ataques a Hamburgo. No início, escreve ele, não aconteceu muita coisa. "Não nas nossas vizinhanças. Só uma vez o porto de Harburg, em Hamburgo, foi o alvo. Os tanques de óleo de lá. Nessa noite, eu ainda bêbado de sono, arrancado da cama pela segunda vez, quando saímos do abrigo antiaéreo e estávamos de novo na rua, vimos na direção do porto as chamas se alçarem ao céu negro no horizonte. Fascinado, eu assistia ao espetáculo de cores no qual o amarelo e o vermelho das chamas se misturavam sobre o cenário do escuro céu noturno para depois se separarem novamente. Nunca vi, nem mais tarde, um amarelo tão limpo e luminoso, um vermelho tão vibrante, um laranja tão irradiante. [...] Hoje, 55 anos depois, acho que essa visão foi para mim a experiência mais impressionante de toda a guerra. Fiquei alguns minutos na rua olhando para essa sinfonia de cores que se alterava vagarosamente. Nunca mais voltei a ver cores tão saturadas e luminosas, nem em pinturas. E ainda que eu mesmo tivesse me tornado um pintor, [...] teria que passar minha vida inteira atrás dessas cores puras." Lendo essas linhas, pergunta-se involuntariamente por que ninguém descreveu as cidades alemãs em meio às chamas, ao contrário do que ocorreu com Londres tomada pelo fogo ou com o incêndio de Moscou. "Espalhou-se o boato", escreve Chateaubriand em suas *Memórias de além-túmulo*, "de que o Kremlin estaria minado [...]. As diversas bocas de diversos focos de incêndio se alargam para fora, se aproximam e se tocam: a torre do Arsenal, como um grande círio, queima no meio de um santuário incendiado. O Kremlin não é mais que uma ilha negra contra a qual quebra o mar ondulante de fogo. O céu, refletindo a luminosidade, está como que atravessado por clarões móveis de uma aurora boreal." Em torno, na cidade, prossegue Chateaubriand, "abóbadas vêm abaixo rugindo, campanários de onde vertem torrentes de metal liquefeitos se pendem, se despegam e tombam. Madeiros, vigas e telhados estalando, crepitando, ruindo, precipitam-se em um Flegetonte, fazendo esguichar uma onda incandescente e milhões de lentejoulas de ouro". A descrição de Chateaubriand não é a de uma testemunha ocular, mas uma reconstrução puramente estética. Panoramas de catástrofes desse tipo, imaginados *a posteriori*, pareciam impossíveis no caso das cidades alemãs incendiadas, por causa do horror que tantas pessoas vivenciaram sem nunca o terem superado de verdade. O menino criado em Hamburgo é enviado à Suíça assim que os grandes ataques começam. Mas sua mãe lhe conta depois o que viu. Ela teve que se dirigir até a Moorweide, uma grande praça próxima ao centro, em um transporte coletivo. Lá fora "construído, no meio do gramado, um *bunker* de concreto com teto pontiagudo, que diziam ser à prova de bombas. [...] Nele 1,4 mil pessoas buscaram refúgio após a primeira noite de terror. O *bunker* foi acertado em cheio e se espatifou. O que deve ter então se passado tinha seguramente proporções apocalípticas. [...] Centenas de pessoas, entre elas minha mãe, esperavam lá fora para serem levados a um campo de refugiados em Pinneberg. Para chegar aos caminhões, elas tinham que passar por cima de montanhas de cadáveres, em parte inteiramente despedaçados, que se espalhavam pela grama em meio aos destroços do ex-*bunker* à prova de bombas. Muitos pararam para vomitar ao verem essa cena, muitos vomitaram ao pisar nos mortos, outros desabaram, desfaleceram. Foi o que minha mãe contou".

Essa lembrança contada e recontada, que remonta a mais de meio século, já é estarrecedora, mas, ainda assim, é apenas um estilhaço do que nós não conhecemos. Após os ataques a Hamburgo, inúmeros dos que fugiram até os cantos mais longínquos do Reich se achavam em estado de demência. Em uma das conferências anteriores, foi citada uma anotação do diário de Friedrich Reck, em que ele conta ter visto em uma estação de trem da Alta Baviera um cadáver de criança que caiu da mala de uma dessas mulheres loucas de Hamburgo, que se abrira. Como consta no meu comentário antes de tudo perplexo, mesmo que não se possa imaginar que Reck tenha inventado essa cena grotesca, também não se sabe como enquadrá-la em um padrão de realidade e acaba-se pondo em dúvida a sua autenticidade. Há algumas semanas, no entanto, estive em Sheffield para visitar um senhor idoso que, por conta de sua origem judaica, fora forçado, em 1933, a deixar Sonthofen, no Allgäu, sua cidade natal, e se mudar para a Inglaterra. Sua esposa, que chegou à Inglaterra logo depois da guerra, fora criada em Stralsund. Parteira por profissão, essa enérgica senhora possui um forte senso de realidade e não simpatiza com ornamentos fantásticos. No verão de 1943, após a tempestade de fogo de Hamburgo, ela, então com dezesseis anos de idade, ocupava seu posto de ajudante voluntária na estação de Stralsund, quando chegou um trem especial de refugiados, dos quais a maioria estava completamente fora de si, incapaz de dar qualquer informação, abatida pela mudez ou soluçando e urrando de desespero. E, como vim a saber há pouco tempo em Sheffield, várias das mulheres que chegaram de Hamburgo nesse transporte carregavam de fato em suas bagagens seus filhos mortos, asfixiados pela fumaça ou que, durante o ataque, haviam perdido a vida de alguma outra maneira. Não sabemos o que ocorreu a essas mães com tais cargas, se e como elas voltaram a adaptar-se à vida normal. Contudo, por meio de fragmentos de recordação desse tipo, entende-se talvez que é impossível sondar as profundezas da traumatização nos espíritos de quem escapou dos epicentros das catástrofes. O direito ao silêncio que essas pessoas em sua maioria se arrogam é tão inviolável quanto o dos sobreviventes de Hiroshima. A respeito desses sobreviventes, Kenzaburo Oe, em suas anotações feitas sobre a cidade em 1965, conta que muitos deles, vinte anos depois da explosão da bomba, ainda não conseguiam falar sobre o que acontecera naquele dia.[4]

Alguém que tentou fazê-lo me escreveu contando haver acalentado por anos a fio o projeto de um romance sobre Berlim, na esperança de superar as suas recordações da infância mais remota. Uma dessas impressões — provavelmente a experiência-chave

— foi um bombardeio sobre a cidade. "Eu estava dentro de um cesto de roupas, o céu lançava uma luz nervosa pelo corredor adentro; nesse crepúsculo avermelhado minha mãe me apareceu com seu rosto sobressaltado; e quando me levaram ao porão, as vigas do teto se levantaram sobre a minha cabeça e balançaram."[5] O autor dessas linhas é Hans Dieter Schäfer, atualmente professor de letras germânicas na Universidade de Regensburg. A primeira vez em que me deparei com seu nome foi em 1977, quando ele publicou um artigo sobre o mito da "hora zero", mais especificamente, sobre as continuidades pessoais e histórico-literárias que se sobrepõem a esse "novo começo" que permaneceu durante muito tempo sem ser questionado por ninguém.[6] Apesar de seu formato relativamente curto, esse artigo é um dos trabalhos mais importantes a respeito da literatura alemã do pós-guerra e, logo após a sua publicação, deveria ter servido para uma revisão da ciência da literatura no que tange à sua posição diante dos supostos conteúdos de verdade de muitas obras surgidas entre 1945 e 1960. No entanto, as sugestões de Schäfer praticamente não foram acatadas pela germanística oficial; ela própria tinha muito a esconder e cavalgava havia um bom tempo um cavalo pálido. E quem ousa arranhar a imagem de um autor consagrado, deve lidar até hoje com as cartas zangadas. Schäfer planejava, portanto, exumar os seus terrores de infância: frequentou bibliotecas e arquivos, encheu muitas pastas com material, topografou com auxílio de um guia de viagens *Grieben* de 1933 os locais da operação e voou repetidamente para Berlim. "O avião", escreve ele no seu relato sobre o fracasso do projeto, "planava sobre a cidade, era um fim de tarde de agosto, e acontecia então de o lado de Mügel cintilar em vermelho púrpura, enquanto o Spree estava escuro; lembro-me do anjo da Coluna da Vitória, que parecia mexer as pesadas asas de ferro fundido e olhar para mim lá de baixo, repleto de curiosidade maligna; escurecia sob a torre de televisão na Alexanderplatz, as vitrines respiravam o crepúsculo denso; e a escuridão descia lentamente sobre o Ocidente até os lados de Charlottenburg, ao longe, a água dos lagos brilhava suave nos olhos; quanto mais nos aproximávamos do solo, mais frenéticas corriam as caravanas sem fim; virei-me para o outro lado e vi que os patos sobre o zoológico formavam uma espécie de arado. Como eu estava perdido um pouco mais tarde, diante do portão de entrada. Sob as árvores escuras, os elefantes arrastavam as suas correntes de ferro, e, do outro lado, nas trevas, havia orelhas escondidas, que me ouviam chegar."[7]

O zoológico — ele deveria ter constituído uma das partes principais na apresentação dos muitos momentos, horas e anos de horror. Nunca, porém, diz Schäfer, consegui ao escrever evocar "os acontecimentos terríveis em toda a sua violência". "Quanto mais decidida a minha busca [...], mais eu tenho que entender a dificuldade com que a memória avança."[8] No que diz respeito ao zoológico, um volume de materiais organizado por Schäfer sobre *Berlin im Zweiten Weltkrieg* [Berlim na Segunda Guerra Mundial][9] dá uma ideia do que lhe pode ter passado pela cabeça. O capítulo "Bombardeios de saturação entre os dias 22 e 26 de novembro de 1943" contém passagens de dois livros (Katharina Heinroth, *Mit Faltern begann's — Mein Leben mit Tieren in Breslau, München und Berlin* [Começou com as borboletas — minha vida com animais em Breslau, Munique e Berlim], Munique, 1979, e Lutz Heck, *Tiere — Mein Abenteuer. Erlebnisse in Wildnis und Zoo* [Animais — Minha aventura: experiências na selva e no zoológico], Viena, 1952), nos quais se obtém uma imagem da devastação do jardim zoológico por esses ataques. Bombas incendiárias e botijões de fósforo puseram fogo em quinze construções do zoológico. A casa dos antílopes e das feras, o prédio da administração e o casarão do diretor foram completamente incendiados, a casa dos macacos, o prédio de quarentena, o restaurante principal e o templo hindu dos elefantes, seriamente danificados ou destruídos. Um terço dos 2 mil animais que ainda restavam depois da evacuação morreu. Veados e macacos se soltaram, pássaros escaparam pelos tetos de vidro quebrados, "surgiram boatos", escreve Heinroth, "de que leões dispararam em fuga até as proximidades da Igreja Memorial do Imperador Guilherme; enquanto, na verdade, eles jaziam, asfixiados e carbonizados, dentro de suas jaulas".[10] Nos dias seguintes, uma mina aérea arrasa o precioso edifício de três andares do aquário e o pavilhão de trinta metros de comprimento dos crocodilos, juntamente com a paisagem artificial de mata virgem. Agora encontravam-se lá, escreve Heck, entre blocos de cimento, terra, cacos de vidro, palmeiras e troncos de árvore derrubados, lagartos gigantes se contorcendo de dor na água rasa ou caindo pela escada de visitantes; enquanto, no fundo, pela abertura de uma porta escancarada pela explosão, penetrava o clarão vermelho do fogo de Berlim que sucumbia. Também foram horrendos os trabalhos de desobstrução. Os elefantes que morreram em seus estábulos tiveram que ser despedaçados ali mesmo nos dias seguintes, sendo que, como conta Heck, homens se arrastavam dentro das caixas torácicas dos paquidermes e revolviam montanhas de tripas. Essas imagens de horror nos deixam especialmente estarrecidos porque rompem os relatos do sofrimento vivido pelos seres humanos, em certa medida pré-censurados e estereotipados. E pode ser que o terror que nos assoma ao lermos passagens como essas também decorra da lembrança de que o zoológico, que surgiu em toda a Europa graças à necessidade de demonstração do poder principesco e imperial, ao mesmo tempo pretendia ser a reprodução do jardim do paraíso. Constata-se sobretudo que as descrições da destruição do zoológico de Berlim, que de fato sobrecarregam o sensório do leitor médio, só não provocaram nenhum escândalo porque provêm da pena de especialistas, que, como se pode verificar, nem mesmo nas circunstâncias mais extremas perdem a razão, sequer o apetite, pois, relata Heck, "os rabos de crocodilo, cozidos em grandes recipientes, tinham o gosto de carne de galinha gordurosa", e mais tarde, prossegue ele, "o presunto e a linguiça de urso foram para nós uma iguaria".[11]

O material exposto nas discussões anteriores é um indício de que foi bastante errática a maneira de lidar com as situações reais de uma época em que a vida urbana na Alemanha, quase na sua íntegra, foi arrasada. Se as reminiscências familiares, as tentativas episódicas de transposição literária e o que se decantou em livros de memórias semelhantes ao de Heck e Heinroth são deixados de lado, só se pode falar então de uma atitude permanente de esquiva ou impedimento. O comentário de Schäfer acerca de seu projeto abandonado aponta para essa direção, bem como a declaração de Wolf Biermann, mencionada por Hage, de que ele poderia escrever um romance sobre a tempestade de fogo em Hamburgo, no qual o relógio de sua vida teria ficado parado aos seis anos e meio de idade. Nem Schäfer, nem Biermann, nem vários outros cujo relógio de vida, como é de supor, também ficou parado, conseguiram então cumprir a recapitulação de suas experiências traumáticas, por motivos que remontam um pouco ao seu próprio objeto e outro tanto à constituição psicossocial dos atingidos. Em todo caso, a tese de que não logramos alçar os horrores da guerra à consciência pública por meio de apresentações históricas ou literárias, não pode ser invalidada facilmente. Depois das conferências de Zurique, a literatura que foi trazida a meu conhecimento e se ocupa dos pormenores do bombardeio das cidades alemãs pertence sintomaticamente à categoria das obras desaparecidas. Publicado em 1949 e nunca mais relançado, o romance *Die unverzagte Stadt* [A cidade impávida], de Otto Erich Kiesel, cujo título já desperta alguma desconfiança, não ultrapassa, como Hage escreve em seu artigo no *Spiegel*, o interesse histórico-regional, e fica, no conjunto e nos detalhes, aquém do nível em que a derrocada total dos alemães nos últimos anos da guerra poderia ser tratada. Mais difícil de avaliar é o caso de Gert Ledig, que, como Hage escreve sem maiores explicações, foi condenado injustamente ao esquecimento. Um ano depois de seu romance *Die Stalinorgel* [O Katyusha] (1955), que causara grande sensação, ele publicou um romance de aproximadamente duzentas páginas com o título *Die Vergeltung* [A retaliação], que ia além dos limites do que os alemães estavam dispostos a ler a respeito de seu passado mais recente. Já *Die Stalinorgel* se encontra sob o signo da literatura antibelicista radical do período final da República de Weimar, mas é com *Die Vergeltung*, um livro que se volta contra as derradeiras ilusões, no qual Ledig acompanha num *staccato* vertiginoso os diversos incidentes que ocorrem numa cidade sem nome durante uma hora de bombardeio, que ele se posiciona inteira e necessariamente à margem do jogo literário. Trata-se do fim terrível de um grupo de ajudantes de artilharia antiaérea recém-saído da infância, de um sacerdote que se tornara ateu, dos excessos de uma tropa de soldados bastante alcoolizados, de estupro, assassinato e suicídio, e, recorrentemente, do sofrimento afligido ao corpo humano, de dentes e maxilares quebrados, pulmões dilacerados, tórax escancarados, crânios estourados, sangue escorrendo, membros grotescamente contorcidos e esmagados, quadris estilhaçados, de soterrados ainda tentando se mexer debaixo de montanhas de blocos de cimento, de ondas de detonação, avalanches de escombros, nuvens de poeira, fogo e fumaça. Entremeiam-se, em itálico, passagens mais tranquilas sobre pessoas isoladas, necrólogos àqueles cujas vidas foram interrompidas nessa hora da morte, sempre com algumas poucas informações sobre os seus hábitos, preferências e aspirações. Não é fácil falar sobre a qualidade desse romance. Alguns momentos são captados com precisão assombrosa, enquanto outros parecem canhestros e forçados. Certamente não foram, porém, as debilidades estéticas que levaram em primeira linha a que *Die Vergeltung* e seu autor Gert Ledig tombassem no esquecimento. O próprio Ledig deve ter sido uma espécie de *maverick*. Em uma das poucas obras de referência em que ele ainda é apresentado, lê-se: "Depois do suicídio da mãe, foi criado por parentes em Leipzig em um ambiente de pobreza, frequentou turma experimental de uma instituição pedagógica e, em seguida, uma escola técnica de eletrônica. Aos dezoito anos alistou-se espontaneamente para o serviço militar, tornou-se aspirante a oficial, mas durante a campanha da Rússia foi levado a uma unidade penal por causa de 'discursos subversivos'. Depois de um segundo ferimento, se lhe concedeu, na condição de inepto para combate, uma licença de estudos, tornou-se engenheiro naval e, a partir de 1944, encarregado de atividades industriais dentro da Marinha de Guerra. Após a guerra, passando por Leipzig, foi preso pelos russos [...] sob suspeita de espionagem. Escapou, no entanto, do trem de deportação. Em Munique, no princípio desprovido de recursos, trabalhou como montador de andaimes, vendedor, artesão e, a partir de 1950, por três anos, intérprete no quartel-general americano na Áustria, depois engenheiro em uma firma de Salzburg. Desde 1957 vive como escritor autônomo em Munique".[12] Já com essas poucas informações, nota-se que Ledig, por conta de sua origem e história de vida, não podia corresponder ao padrão de comportamento que se estabeleceu para os escritores depois da guerra. Dificilmente podemos imaginá-lo no Grupo de 47. Seu radicalismo conscientemente exagerado, direcionado para provocar asco e repugnância, evocava mais uma vez o fantasma da anarquia em um período em que já se esboçava o milagre econômico: o medo da ameaça de uma dissolução generalizada depois do colapso da ordem totalitária; o medo da selvageria e do idiotismo; da anomia e da ruína irreversível. Sem dever nada aos trabalhos de outros autores dos anos 1950 que ainda hoje são citados e discutidos, os romances de Ledig foram expurgados da memória cultural porque ameaçavam romper o *cordon sanitaire* com o qual a sociedade isola as zonas da morte onde de fato ocorram irrupções distópicas. Essas irrupções não eram, aliás, somente o produto, no sentido em que emprega Alexander Kluge, de um maquinário de destruição de dimensões industriais, mas também o resultado da propagação de um mito da queda e da destruição, mito que, desde a ebulição do expressionismo, se tornara sempre mais incondicional. O paradigma mais preciso disso é *A vingança de Kriemhild*, filme de Fritz Lang de 1924, no qual todo o poder armado de um povo se dirige quase deliberadamente à garganta da perdição, para, finalmente, em um grandioso espetáculo pirotécnico, se consumir nas chamas, em uma clara antecipação da retórica fascista da batalha final. E, enquanto Lang, nos estúdios de Babelsberg, transpunha para o público de cinema alemão as visões de Thea von Harbou em imagens reprodutíveis, os logísticos da Wehrmacht, uma década antes de Hitler alcançar o poder, também já trabalhavam na sua fantasia querusca particular, um roteiro verdadeiramente aterrorizante, que previa o extermínio do Exército francês em solo alemão, a devastação de regiões inteiras do país e grandes perdas entre a população civil.[13] Nem mesmo o autor e principal defensor do extremismo estratégico, o coronel Von Stülpnagel, poderia ter imaginado tal desfecho para essa nova Batalha da Floresta de Teutoburgo, com a Alemanha transformada em um campo de escombros; e, justo porque pressentíamos nossa cumplicidade, ninguém, nem mesmo os escritores a quem se confia a conservação da memória coletiva da nação, pôde evocar para nós imagens tão vergonhosas como a da praça do antigo mercado de Dresden, onde, em fevereiro de 1945, 6865 cadáveres foram queimados em uma fogueira por um comando da ss com experiência adquirida em Treblinka.[14] Todo o trabalho com as cenas reais do horror da destruição tem até hoje algo de ilegítimo, quase voyeurístico, do qual nem mesmo minhas anotações conseguem se isentar por completo. Por isso, também não me surpreende que um professor em Detmold tenha me contado há algum tempo que, quando rapaz, nos anos logo após a guerra, via com frequência como as fotografias dos cadáveres que jaziam pelas ruas depois da tempestade de fogo eram pegas e negociadas debaixo do balcão de uma livraria de Hamburgo, como somente acontecia com os produtos de pornografia.

Para finalizar, resta-me comentar uma carta de Darmstadt que chegou a minhas mãos através da redação do *Neue Zürcher Zeitung*, em meados de junho do ano passado — por enquanto a última correspondência recebida sobre o tema guerra aérea, que precisei reler várias vezes, por não acreditar no que meus olhos viam; pois ela contém a tese de que, com a guerra aérea, os aliados teriam perseguido o objetivo de alijar os alemães de seu legado e origem, destruindo suas cidades e preparando assim a invasão cultural e a americanização generalizada que ocorreram de fato no pós-guerra. Essa estratégia consciente, continua a carta de Darmstadt, teria sido concebida pelos judeus que vivem no exterior, com base no conhecimento especial da alma humana, de culturas e mentalidades estrangeiras, que eles, como é sabido, teriam assimilado durante as suas peregrinações. O texto redigido num tom enérgico, mas ao mesmo tempo de carta comercial, termina expressando a esperança de que eu venha a responder, dando minha competente avaliação das teses ali esposadas. Não sei quem é o autor da carta, um certo dr. H., não sei que atividade profissional exerce, se tem algum tipo de relação com grupos ou partidos de extrema direita, nem sei o que dizer a respeito da cruzinha que ele apõe à sua assinatura, seja à mão, seja na versão computadorizada, só sei que pessoas do feitio do dr. H., que suspeitam haver em toda parte maquinações secretas contra os interesses vitais da germanidade, gostam elas próprias de pertencer a organizações hierárquicas. Já que, por conta de sua origem burguesa ou pequeno-burguesa, não podem se valer da pretensão de representar de berço a elite conservadora da nação, como a nobreza, então eles cerram fileiras em torno da liderança ideológica, em geral autoproclamada, dos defensores do Ocidente cristão ou do legado do povo alemão. A necessidade de ingressar em uma corporação que se legitime por apelar a uma lei superior esteve sabidamente em voga nos anos 1920 e 30 entre os conservadores e revolucionários de direita. Uma linha reta conduz de *Der Stern des Bundes*, de George, até a ideia do Reich vindouro, como criação de uma liga de homens, que Rosenberg anunciava em seu *Der Mythus des XX. Jahrhunderts* [O mito do século xx], publicado no ano da salvação de 1933; e a formação da sa e da ss devia servir, desde o início, não apenas ao imediato exercício da violência, mas também à constituição de uma nova elite, cuja lealdade incondicional se tornou, a partir de então, normativa também e particularmente para a nobreza hereditária. A concorrência entre os aristocratas da Wehrmacht e os *parvenus* e os carreiristas pequeno-burgueses, que, como Himmler, um criador de galinhas, se arvoravam agora de protetores da pátria, é, sem dúvida, um dos capítulos mais importantes na história social da corrupção dos alemães, que, em sua maior parte, ainda falta ser escrita. Em que exato lugar o dr. H. se encaixaria com a sua misteriosa cruzinha, fica em aberto. Melhor seria caracterizá-lo como uma assombração daquela malfadada época. Pelo que pude descobrir, ele tem mais ou menos a minha idade e não faz parte da geração dos que estiveram sob a influência direta do nacional-socialismo. Em Darmstadt, como vim a saber, ele também não é tido como um notório inimputável (a única desculpa possível para as suas teses bizarras); pelo contrário, ele aparenta gozar de pleno juízo mental e leva, pelo visto, uma vida regrada. Com efeito, a concomitância de ideias fantásticas delirantes, por um lado, e a capacidade prática de viver, por outro, marca justamente a falha peculiar que ocorreu na cabeça dos alemães na primeira metade do século XX. Nada mostra essa falha com maior precisão do que a dicção da correspondência que os dirigentes nazistas mantiveram entre si; a curiosa amálgama de um interesse supostamente objetivo com a loucura determina também, de maneira fantasmagórica, as ideias que o dr. H. pôs no papel. No que se refere diretamente às "teses" que o dr. H. apresenta, não sem certo orgulho de sua perspicácia, elas não são outra coisa além de um derivado dos chamados "Protocolos dos sábios de Sião", aquela falsificação pseudodocumental que entrou em circulação na Rússia czarista, segundo a qual uma internacional judaica luta pelo domínio mundial e, por meio de suas manipulações conspiratórias, precipita povos inteiros na desgraça. A variante mais virulenta desse ideologema foi a lenda que se alastrou na Alemanha depois da Primeira Guerra Mundial, desde as mesas de bar, passando pela imprensa e pela indústria cultural, até chegar aos órgãos de Estado e, finalmente, ao Legislativo — a de um inimigo tão invisível quanto onipresente, que desagrega, de dentro para fora, o organismo do povo. De forma aberta ou velada, o alvo era a minoria judaica. É compreensível que o dr. H. não pudesse simplesmente reproduzir essa atribuição de culpa, depois que a retórica denunciatória, muito antes do início das campanhas da guerra aérea dos aliados, tinha levado em toda a região sob domínio dos alemães à privação de direitos, à expropriação, ao exílio e ao aniquilamento sistemático dos judeus. Cauteloso, portanto, ele limita sua suspeita aos judeus que vivem no exterior. E quando, em um acréscimo curioso, ele atesta àqueles que gostaria de responsabilizar pela destruição da Alemanha que eles teriam agido motivados menos por sentimentos de ódio do que por seu especial conhecimento de culturas estrangeiras e suas mentalidades, o dr. H. lhes atribui razões semelhantes às que movem o dr. Mabuse, o gênio subversivo da metamorfose no filme homônimo de Fritz Lang. De proveniência incerta, o dr. Mabuse consegue se adaptar a qualquer situação. Na primeira sequência, o vemos no papel do especulador Sternberg, que, por meio de manipulações criminosas, provoca um craque na bolsa de valores. No decorrer do filme ele aparece como jogador em cassinos ilegais, como chefe de uma quadrilha, como dono de uma manufatura de dinheiro falso, como demagogo e arremedo de revolucionário, bem como, sob o execrável nome de Sandor Weltmann, no papel de hipnotizador que exerce seu poder até mesmo sobre quem tenta com todas as forças resistir a ele. Em uma tomada que dura sintomaticamente apenas poucos segundos, a câmera mostra, no portão da casa desse especialista em dobrar vontades e destruir mentes, uma placa com a inscrição "Dr. Mabuse — Psicanálise". Assim como os judeus estrangeiros imaginados pelo dr. H., Mabuse também não conhece sentimentos de ódio. Movem-no somente o poder e o prazer em conquistá-lo. Com o seu conhecimento especial da alma humana, ele pode penetrar na cabeça de suas vítimas. Provoca a ruína dos que se sentam com ele à mesa de jogos, destrói o conde Told, rouba-lhe a esposa e leva à beira da morte seu adversário, o promotor Von Wenk. No esquema de ação imaginado por Thea von Harbou, Von Wenk representa o tipo do aristocrata prussiano a quem a burguesia confia a manutenção da ordem em meio à crise. Com a ajuda de um contingente do Exército (apenas as forças policiais por si só não são suficientes!), ele consegue finalmente vencer a resistência de Mabuse e salvar a condessa e, com ela, a Alemanha. O filme de Fritz Lang oferece o paradigma da xenofobia que grassava entre os alemães desde o fim do século xix. O que o dr. H. escreve sobre os especialistas judeus na psique, que supostamente desenvolveram as estratégias da destruição das cidades alemãs, remonta a essa histeria que configurou nossa mentalidade coletiva. Pode-se, do ponto de vista atual, querer desqualificar as perorações do dr. H. como aberrações de uma pessoa incorrigível. E é certo que são aberrações, mas não por isso menos horrendas. Pois se havia algo no princípio do sofrimento incomensurável causado ao mundo por nós alemães, era exatamente esse falatório, esse discurso barato fabricado com as frases feitas da ignorância e do ressentimento. A maioria dos alemães sabe hoje, ao menos é o que se espera, que nós mesmos provocamos a destruição das cidades em que vivíamos. Praticamente ninguém irá duvidar hoje que o marechal do ar Göring teria arrasado Londres caso seus recursos técnicos o permitissem. Speer relata que, em um jantar na chancelaria do Reich em 1940, Hitler fantasiava a respeito da destruição total da capital do Império Britânico: "Os senhores já observaram um mapa de Londres? As construções são tão próximas que bastaria um único foco de incêndio para destruir a cidade inteira, como aliás já ocorreu há mais de duzentos anos. Göring quer provocar com inúmeras bombas incendiárias de um potencial jamais visto focos de incêndio nos mais diversos bairros de Londres, focos de incêndio em toda parte. Milhares deles. Eles vão se juntar então em um gigantesco incêndio de superfície. Göring tem a única ideia que presta: as bombas explosivas não funcionam, mas com as bombas incendiárias será possível: a destruição total de Londres! Quando tudo começar, o corpo de bombeiros deles não vai servir para nada".[15] A visão inebriada da destruição se coaduna com a constatação de que, de fato, as realizações pioneiras na guerra de bombardeio — Guernica, Varsóvia, Belgrado, Roterdam — foram obra dos alemães. E quando pensamos nas noites de incêndio em Colônia, Hamburgo e Dresden, devíamos nos lembrar também que, já em agosto de 1942, quando as linhas de frente do Sexto Exército alcançaram o Volga, e não poucos sonhavam em se estabelecer depois da guerra em um sítio nos jardins de cerejeira às margens tranquilas do Don, a cidade de Stalingrado, que, naquele momento, estava, como Dresden mais tarde, abarrotada por uma multidão de refugiados, foi bombardeada por 1200 aviões, e que lá, enquanto as tropas alemãs, postadas na outra margem do rio, entravam em euforia, 40 mil pessoas perderam suas vidas.[16]

O ESCRITOR ALFRED ANDERSCH

A literatura alemã tem em Alfred Andersch um de seus talentos mais íntegros e independentes.

Alfred Andersch,
texto de orelha redigido por ele próprio

No tempo em que viveu o *littérateur* Alfred Andersch, não lhe faltaram nem sucessos nem fracassos. Até 1958, ano de sua "emigração" para a Suíça, na condição de diretor de redações de rádio, editor da revista *Texte & Zeichen* e principal representante da reportagem radiofônica na Alemanha (assim diz Andersch em carta à sua mãe),[1] ele desfrutava de uma posição central na vida literária que se desenvolvia na República Federal alemã. Mais tarde, ele se pôs cada vez mais à margem, em parte porque isso era a sua intenção programática, mas em parte contra a sua própria vontade. Conceitos como periferia, delimitação, *dégagement* e fuga determinavam em boa medida a autoimagem que Andersch criara e colocara em circulação. Por outro lado, como mostra o material biográfico hoje disponível, isso não impediu que ele, na verdade, fosse mais carente e dependente do sucesso do que a maioria dos escritores que lhe foram contemporâneos. Nas cartas endereçadas à mãe, nota-se que Andersch, no que se referia ao valor de seus próprios trabalhos, tinha uma opinião tudo menos modesta. "O programa sobre Jünger será uma pequena sensação"; a peça de época contra o antissemitismo que ele escreve em 1950 é "o melhor que eu já fiz, [...] muito melhor do que o prof. Mamlock de Friedrich Wolf"; em Munique, Andersch se vê "chegando à crista da onda"; durante a feira do livro de Frankfurt, a editora "organizará uma grande recepção" para o lançamento de seu romance *Sansibar*; de resto, como ele leva a conhecimento de mamãe na mesma carta, o professor Muschg, "o maior historiador de literatura que temos atualmente, [...] escreveu uma crítica maravilhosa" sobre esse livro. Logo em seguida, Andersch está mais uma vez "trabalhando numa grande peça radiofônica", escrevendo "um novo grande conto" ou terminando "um grande programa de rádio". E, quando *Ein Liebhaber des Halbschattens* [Um amante da penumbra] é lançado em capítulos no *Neue Zürcher Zeitung*, mamãe é avisada que "esse jornal exclusivo" publica "apenas o que há de melhor".[2] Declarações desse tipo denotam não só a necessidade de afirmação que marca a relação de Andersch com a mãe, mas também o seu próprio afã pelo sucesso e reconhecimento público, em franca contradição com a ideia de heroísmo privado e anônimo que ele, como emigrante interno, tanto gostava de propagar em seus livros. "Grande" é, em todo caso, a palavra mágica na autoavaliação e na autoapresentação de Andersch. Ele queria se tornar um grande escritor, que escreve grandes obras e que vai a grandes recepções, ofuscando nessas ocasiões, na medida do possível, toda a concorrência, como em Milão, "onde Mondadori", conta Andersch no relato de seu sucesso, "fez uma recepção para mim [note-se a ordem das aparições] e para o escritor francês Michel Butor", na qual ele, Andersch, discursou "por vinte minutos em italiano", colhendo "fervorosos aplausos", enquanto Butor, que "falou em francês" na sequência, teve que se conformar, pelo visto, com a falta de aclamação.[3]

A imagem de grande escritor que desde o início serviu de modelo a Andersch foi, como se sabe, no que concerne a caráter, a de Ernst Jünger, que, depois de tê-la prenunciado, saíra da época de Hitler como distinto isolacionista e defensor do Ocidente. No que diz respeito a sucesso e fama literários, Thomas Mann foi a instância determinante. São reveladoras, nesse contexto, as reminiscências de Hans Werner Richter, onde se lê a propósito de Andersch: "Ele era ambicioso. Não como os outros, não, sua ambição ia muito além disso. Ele assimilava os pequenos sucessos como naturais, não lhes dava muita atenção, seu objetivo era a fama, não a fama cotidiana. Esta ele já tinha como certa. Seu objetivo era a fama que ultrapassa o tempo e o espaço e a morte, muito além. Ele falava disso sem nenhum pudor, sem qualquer autoironia. Certa vez, logo no começo, ainda editávamos *Der Ruf*, ele disse em uma grande roda de colegas de trabalho e amigos que não iria apenas alcançar Thomas Mann, mas deixá-lo para trás. Naquela ocasião ficamos todos calados, perplexos. Ninguém disse uma palavra, só o Fred não notou esse silêncio embaraçado, deve ter pensado que era aprovação".[4] No início parecia de fato que o cálculo de Andersch daria certo. *Kirschen der Freiheit* [Cerejas da liberdade] provocou uma polêmica considerável e se tornou, não só por isso, um grande sucesso. "Em pouquíssimo tempo", escreve Stephan Reinhardt, "o nome de Andersch, na República Federal, estava [...] na boca de todos."[5] Como ele mesmo contou ao seu chefe, o superintendente Beckmann, Andersch também recebeu cartas elogiosas dos "mais importantes intelectuais do país".[6] A linha de sucesso tem continuidade com *Sansibar*. A ressonância é grande, a aclamação quase unânime. Questionamentos são registrados no máximo circunstancialmente, os pontos nevrálgicos do texto não são tocados em lugar algum. Já se imagina que o Terceiro Reich tenha sido "superado literariamente".[7] Somente a partir da publicação do romance *Die Rote* [A ruiva], quando as debilidades conceituais e estilísticas de Andersch se tornam flagrantes, a crítica se divide em dois grupos. Koeppen enaltece o livro como um "dos romances mais imprescindíveis desse século",[8] Reich-Ranicki, por sua vez, o descreve como uma mistura indigesta de mentira com kitsch.[9] O êxito comercial — publicação antecipada no jornal *Frankfurter Allgemeine Zeitung*, altas tiragens, planos bastante promissores para uma filmagem — permitiu que, no começo, Andersch ignorasse as duras críticas como produtos de jornalistas invejosos, sobretudo porque Reich-Ranick ainda não gozava então da influência que viria a exercer alguns anos mais tarde. Sem se deixar abalar, embora sempre mais preocupado em manter a objetividade, Andersch trabalha para consolidar o seu direito à fama. Os escritos menores da primeira metade dos anos 1960 — peças radiofônicas, contos, ensaios, relatos de viagem — cumprem essa finalidade. Em 1967, quando *Efraim* finalmente é publicado, a polarização da crítica se repete. Por um lado, o livro é hiperbolicamente elogiado como uma obra da "mais alta inteligência artística" e "como o romance do ano";[10] por outro, críticos influentes não têm mais papas na língua. Rolf Becker, Joachim Kaiser e Reich-Ranicki censuram, entre outras coisas, o pretensioso estilo Stuyvesant, pseudocosmopolita, do romance, falam de kitsch e sensacionalismo. Andersch se sentiu tão ofendido com essa recepção desfavorável que, como conta o seu biógrafo, mesmo dois anos depois, não autorizou "que o seu nome fosse associado a uma exposição [...], organizada por Marcel Reich-Ranicki".[11] "Uma apresentação em uma exposição 'organizada' por esse senhor", escreveu Andersch, "é, a meus olhos, uma difamação."[12] Reações desse tipo, carregadas de ressentimento, não surpreendem muito quando se pensa na altura da queda entre as pretensões literárias de Andersch e a crítica de não passar de um diletante em ação. No mais, a recusa irritada de Andersch não mereceria reparo, caso ele não estivesse pronto a mudar de opinião na primeira oportunidade conveniente. Assim, quando Reich-Ranicki dedica um elogio a *Mein Verschwinden in Providence* [Meu desaparecimento em Providence] e acolhe um conto de Andersch em sua antologia *Verteidigung der Zukunft* [Defesa do futuro], Andersch escreve imediatamente uma epístola conciliatória ao senhor que tanto detestava, provavelmente também na esperança de que *Winterspelt*, sua obra principal prestes a ser publicada, caia nas graças do destinatário. Quatro dias depois da crítica impiedosa e demolidora de Rolf Michaelis no jornal *Zeit* de 4 de abril de 1974, o faz publicou a crítica de Reich-Ranick, com quem Andersch acreditava agora poder contar; seu teor era igualmente negativo, chegando a insinuar, na frase conclusiva, que o livro não merecia o esforço da leitura. Andersch considerou isso a máxima afronta e cogitou, relata o seu biógrafo, tomar medidas judiciais contra Reich-Ranick. "*Winterspelt*", escreve Reinhardt, "devia torná-lo famoso — e agora acontecia isso."[13]

Dessa breve sinopse de sucessos e fracassos do escritor Andersch decorre necessariamente a questão de como devem ser compreendidas as contradições da crítica. Será Andersch um dos escritores mais importantes das décadas do pós-guerra, como, apesar das críticas em parte muito duras da ocasião, é hoje em geral aceito, ou não? E se ele não o é, de que tipo foi o seu fracasso? As debilidades de sua obra consistiam em deslizes ocasionais de estilo, ou elas são sintomas de uma *malaise* mais profunda? A ciência da germanística, que, ao contrário da crítica na imprensa, não encontrou quase nada a reparar na obra de Andersch, tratou a questão como se pisasse em ovos, o que, aliás, é típico do ramo. Entretanto já foram publicadas pelo menos meia dúzia de monografias sobre Andersch sem que se resolvesse que tipo de literatura ele de fato praticou. Em particular, ninguém (nem os críticos que o acusaram) tentou refletir sobre o comprometimento bem evidente de Andersch e sobre os efeitos desse comprometimento na literatura. Segundo uma antiga sentença (de Hölderlin, se não me engano), muito depende do ângulo dentro de uma obra de arte, mas não menos do quadrado fora dela. Nesse sentido deve-se expor aqui, primeiramente, algo sobre as decisões tomadas por Andersch em momentos cruciais de sua vida bem como sobre a transformação dessas decisões em sua obra literária.

Em *Kirschen der Freiheit*, um elemento apologético fundamental predomina sobre a necessidade parcialmente manifesta do autor de uma confissão sem reservas. A lembrança opera de modo muito seletivo, complexos decisivos são omitidos por inteiro, imagens isoladas são retocadas com cuidado. Isso não se coaduna de todo com a objetividade programaticamente anunciada pelo subtítulo "um relato". Parecem especialmente fluidas e vazias as escassas três páginas em que Andersch resume sua prisão no campo de Dachau, que durou três meses (até maio de 1933). A ordenação do texto justifica isso ao deslocar essas três páginas para o momento em que Andersch, preso pela segunda vez, encontra-se em uma cela na chefia de polícia de Munique e se recorda, em pânico, dos meses que passou em Dachau. É quase como se lhe fosse vedado, tanto antes como mais tarde, evocar à memória o que ele, sem dúvida, presenciou lá. O episódio, se podemos usar esse termo, dos dois judeus, Goldstein e Binswanger, "abatidos em fuga" ("O disparo nos surpreendeu como uma chicotada, quando, sentados nos bancos entre os alojamentos, comíamos a nossa sopa da noite"[14]), tem, de algum modo, o caráter de uma lembrança encobridora que permitiu relegar os detalhes estarrecedores da rotina do campo. A confissão do medo que tomou conta dele naquela tarde na chefia de polícia de Munique, e por conta do qual ele "estaria disposto a dar qualquer declaração que me fosse exigida",[15] como ele escreve, apresenta, pelo contrário, as marcas da autenticidade e constitui um dos momentos mais impressionantes do livro, já que Andersch abre mão de qualquer autoestilização. Por qualquer ângulo que se veja, na passagem aqui discutida fica de todo modo claro que Andersch, ao contrário da grande maioria de seus contemporâneos, já no outono de 1933 não podia mais se iludir quanto à verdadeira natureza do regime fascista. Em compensação, esse "privilégio" faz com que sua "emigração interna" durante os anos seguintes apareça de forma bastante duvidosa.

Caso se aceite a alegação de Andersch de que "a ideia de uma fuga para o exterior"[16] não passou por sua cabeça em nenhum momento por causa de sua juventude e inexperiência, e se aceite ainda que, no período imediatamente após a sua libertação da prisão, ele se encontrava em um estado de paralisia interior que não lhe permitia cogitar a emigração, faltaria ainda explicar por que, mais tarde, entre 1935 e 1939, ele não aproveitou a chance, que se lhe oferecia de diversas maneiras, de ir para a Suíça e lá permanecer. Em uma entrevista dois anos antes de sua morte, ele constata pela primeira vez sem rodeios que agiu mal na época. "O que eu poderia ter feito e o que não fiz: poderia ter emigrado. Escolher a emigração interna em uma ditadura é a pior das possibilidades."[17] O que a confissão insiste em silenciar são as razões que o levaram a permanecer no país. Além disso, é questionável se Andersch, em qualquer sentido que seja, pode ser enquadrado na emigração interna, mesmo levando-se em conta que não era tão difícil ser aceito como membro desse clube. Muito leva a crer que a emigração interna de Andersch foi, na verdade, um processo de ajustamento às circunstâncias dominantes que o comprometeu profundamente. Em *Kirschen der Freiheit* ele fala dos domingos e feriados de fuga para o campo da estética, que lhe permitiam "celebrar no brilho dos vernizes de Tiepolo a redescoberta da própria alma perdida".[18] Nos dias úteis o jovem sensível trabalhava "diante dos livros de contabilidade de uma livraria editora" e, fora isso, ignorava a sociedade que, como ele diz, "erguia ao seu redor a estrutura de um Estado totalitário".[19] Considerando o fato de a livraria editora Lehmann, na Paul-Heyse-Strasse, onde Andersch trabalhava, lidar antes de mais nada com política étnica, teoria das raças e higiene racial, não deve ter sido muito fácil ignorar a prática totalitária que cada vez mais se alastrava. Stephan Reinhardt define corretamente a empresa de Lehmmann como "embrião editorial e uma incubadora do racismo",[20] mas deixa de questionar como o trabalho em uma editora desse tipo se coadunava com a consciência de um emigrante interno que, afinal, poderia ter arranjado um emprego de jardineiro, o que, como observa o seu biógrafo sem ironia, talvez atendesse melhor à sua crescente necessidade de "imersão na natureza, inspiração e criação de algo novo".[21]

A elisão mais representativa do romance de formação que Andersch recapitula em *Kirschen der Freiheit* é a história de seu casamento com Angelika Albert. Reinhardt conta que, em maio de 1935, Andersch se casara com Angelika, que provinha de uma família judaico-alemã, para protegê-la das consequências das leis de Nuremberg, que entraram em vigência em setembro daquele ano; mas ele também admite que "o apelo erótico" de Angelika e o ambiente em que ela vivia — os Alberts eram uma rica família burguesa de algum renome — podem ter levado Andersch a esse matrimônio.[22] O argumento de que Andersch quis proteger Angelika Albert não é defensável, sobretudo porque ele, a partir de fevereiro de 1942, depois de se separar dela e da filha entrementes nascida, passou a insistir também no divórcio, que viria a acontecer um ano mais tarde, em 6 de março de 1943. Ora, não é preciso explicitar o perigo a que Angelika Albert ficava assim sujeita num momento em que já não mais se tratava da promulgação das leis raciais, mas da execução mais rápida possível da solução final. Em junho de 1942, Idl Hamburger, a mãe de Angelika, já fora "transferida" do alojamento de judeus de Munique, na Knorrstrasse, 148, para Theresienstadt, de onde jamais retornaria. Ingenuamente, Stephan Reinhardt observa que as circunstâncias nas quais Andersch teve que requerer o seu divórcio o teriam abatido profundamente; não informa, porém, como esse abatimento se manifestou. A quem lê imparcialmente a biografia escrita por Reinhard, parece, ao contrário, que nesse ano Andersch esteve mais bem ocupado em redirecionar a sua vida. Ele queria, a todo custo, despontar como escritor e, com esse propósito, despendeu esforços enérgicos para ser aceito na Câmara de Escritores do Reich, precondição para qualquer publicação literária. Entre os documentos exigidos constava uma certidão de origem do cônjuge. Andersch protocolou o seu requerimento junto à repartição regional de cultura da comarca de Hessen-Nassau no dia 16 de fevereiro de 1943, escrevendo, três semanas antes do dia de seu divórcio, sob a rubrica de estado civil, "divorciado". Stephan Reinhardt, a quem devemos essas revelações muito graves,[23] encerra, porém, o assunto apontando para uma informação dada oralmente pelo irmão de Andersch, Martin, segundo o qual o divórcio, como já mencionado, levara Andersch a um difícil conflito moral, mas que, por outro lado, "seu próprio desenvolvimento era, para ele, mais importante".[24]

Não é fácil discernir em que consistia esse desenvolvimento próprio. Parece, no entanto, pouco provável que Andersch estivesse prestes a se transformar em um *Waldgänger*[25] e em um homem da resistência interna. Em 1941-42 a Alemanha se encontrava no auge de seu poder, e ninguém poderia prever o fim do Reich de mil anos. No que Andersch escrevia nessa época, no conto *Der Techniker* [O técnico], por exemplo, fala-se muito, bem nesse espírito, de liderança, sangue, instinto, força, alma, vida, carne, legado, saúde e raça.[26] Com base nesse conto, em que o autor, ao que parece, teria "elaborado" as suas experiências com a família Albert, já se pode calcular mais ou menos como teria prosseguido seu desenvolvimento literário. A pintora Gisela Groneuer, que já planejava com Andersch durante a sua separação de Angelika uma vida de artista a dois, e lhe dava, como escreve Reinhardt, "novos impulsos",[27] o impelia à realização de seu potencial criativo. O fato de ela desfrutar de boas relações com os funcionários do partido, que lhe facilitaram três exposições em 1943, em Prüm, Luxemburgo e Koblenz, não há de ser de todo irrelevante nesse contexto. Deixa-se em aberto o que poderia ter resultado da cooperação do casal de artistas Groneuer/Andersch sob auspícios que não os da queda do Terceiro Reich. Mas há ainda um apêndice para essa história de separações e parcerias judaico-alemãs e alemãs-alemãs que precisa ser mencionado. Em 8 de outubro de 1944, o *prisoner of war* [prisioneiro de guerra] Alfred Andersch solicitou aos funcionários da prisão militar de Camp Ruston, Louisiana, que lhe devolvessem seus papéis e manuscritos apreendidos. O argumento principal da solicitação, literalmente, é o seguinte: "Prevented from free writing, up to now, my wife being a mongrel of jwish [sic] descent [...] and by my own detention in a German concentration-camp for some time, these papers and diaries contain the greatest part of my thoughts and plans collected in the long years of opression [sic]".[28] Tudo no documento citado é de arrepiar: a irritante presunção desse homem, a horrenda descrição de Angelika como "a mongrel of jewish descent", inspirada de todo modo na perversão alemã e, principalmente, o fato de

> To the Authorities of the PoW-Camp Ruston / La.
>
> 8. 10. 1944
>
> Dear Sirs,
>
> I beg to submit to you the following entreaty:
> Upon my arrival on board the steamer "Samuel Moody" at
> Norfolk /USA. from Naples (29.8.1944), my diaries, letters
> and the manuscript of a narrative were taken from me
> for censorship with the remark that all these things
> would be returned to me as soon as possible. The papers
> were put into a brown envelope bearing my name
> and PoW-Number. Being a writer, all these things are
> most valuable and irretrievable to me. Prevented
> from free writing, up to now, my wife being a mongrel
> of jewish descent, and by my own detention in a
> German concentration-camp for some time, these papers
> and diaries contain the greatest part of my thoughts
> and plans collected in the long years of opression.
> I therefore beg you most urgently to restore them to
> me at the eariest possible convenience. I also beg to

Andersch não hesitar em reclamar Angelika novamente como "my wife", depois de havê-la renegado no seu requerimento para ingressar na Câmara de Escritores do Reich e apesar de todo o tempo transcorrido desde o divórcio. Dificilmente Andersch poderia ter imaginado um subterfúgio mais mesquinho.

A segunda parte de *Kirschen der Freiheit* trata quase exclusivamente da carreira militar de Andersch e de seu final por uma deserção. Andersch é convocado pela primeira vez em 1940 para

> inform you that your intelligence officers behind the
> Italien front perused these notes and gave them back to
> me again. Even a major who spoke to me in an examina-
> tion-camp near Washington two weeks ago promised
> to see that my diaries etc. would be returned to me as
> soon as possible.
> Hoping that you will comply with my request and
> thanking you in advance for your kind intervention
> I remain
>
> very respectfully
> yours
> *ALFRED ANDERSCH*
> PW-No.: 81 G 256 993

um batalhão de guarda em Rastatt. Logo ele assenta praça no Alto Reno e contempla a França do outro lado. Com rara franqueza, que infelizmente não frutificará em seus escritos, ele relata que "nessa época não tinha sequer a intenção de desertar. Eu chegara a tal ponto de degradação que acreditava ser possível uma vitória alemã".[29] No decorrer dos dois anos seguintes, deve ter havido poucos motivos que fizessem Andersch mudar essa sua maneira de ver as coisas. Pelo contrário, ela deve ter se fortalecido, na medida em que ficava evidente que não havia antídoto contra a Alemanha. Nesse período nada deve ter passado mais distante da cabeça de Andersch do que a ideia da resistência, e não se pode excluir de modo algum certo grau de identificação oportunista com o regime bem-sucedido. Provavelmente não é à toa que Martin Andersch fala, como Reinhardt observa discretamente em uma nota de pé de página, de uma "fase de instabilidade"[30] do irmão. O fato de Andersch ter conseguido, na primavera de 1941, retornar à vida civil ao invocar a sua detenção em um campo de concentração, muito dificilmente pode ser interpretado como um ato de resistência,[31] da mesma forma que não depõe contra ele o fato de não estar ardendo em desejo de ir para o front. Em 1943, quando recebe a segunda convocação, ele escreve à sua mãe dizendo que queria tentar ser aceito como candidato a oficial de reserva.[32] Mais tarde ele se esforça para conseguir um posto tranquilo no Ministério da Aeronáutica. Por outro lado, a "atmosfera de vadiagem"[33] na companhia de reserva em que está lotado lhe dá nos nervos. É tudo uma questão de ponto de vista. De resto, as coisas não começam tão mal assim, quando Andersch, apesar de todos os esforços, finalmente é mandado para a guerra. E pode-se dizer que, nos primeiros tempos, ele sem dúvida ficou agradavelmente surpreendido. Acompanhando o chefe, viaja de motocicleta pelo Sul ensolarado, como conta à mamãe. "Pisa, a torre inclinada, a catedral e [...] uma incrível paisagem italiana com fachadas voltadas para o Arno passam zunindo por mim. Ficamos alojados em uma graça de aldeiazinha [...] a noite é amena e a garrafa de Chianti está a postos. Com isso tudo, ainda temos que ser cem por cento soldados. Mas é divertido."[34] Esse é o som original daquele momento, que permite avaliar o teor de verdade de *Kirschen der Freiheit*. Ele dá uma ideia mais precisa da evolução de Alfred Andersch do que a obra literária em que ele a transformou. O turismo de guerra é a pré-escola do cosmopolitismo posterior, e Andersch não é o único pequeno-burguês alemão que passou por ela com certa euforia. "Colossal", ele escreve em dezembro de 1944 de Louisiana para casa, "tudo o que eu vi nesse ano."[35] Diante desse cenário, a esmerada apresentação da deserção como um momento de autodeterminação existencial perde algo de seu brilho à la Hemingway, e Andersch aparece pura e simplesmente como alguém que — e isso ninguém levará a mal —, em boa oportunidade, se escondeu atrás da moita.

Nos anos após a guerra, Andersch aparece pela primeira vez para o público na condição de organizador e editorialista da revista *Der Ruf*, e essa estreia não é muito menos comprometedora do que a sua história prévia, mais ou menos particular. Em sua tese de doutorado, *1945 oder die "neue Sprache"* [1945 ou a "nova linguagem"],[36] publicada em 1966 por uma editora da Alemanha Ocidental, Urs Widmer demonstra em um capítulo de aproximadamente trinta páginas, com inúmeras provas, que os artigos re-

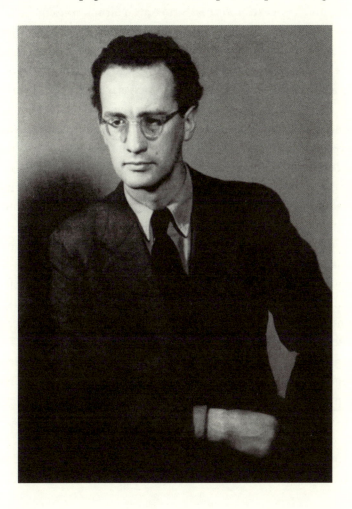

digidos por Richter e Andersch transcrevem quase sem exceção o período anterior a 1945. Não que isso fosse difícil de se demonstrar, pois *Der Ruf* é um verdadeiro glossário e registro da linguagem fascista. Quando Andersch escreve no primeiro número (agosto de 1946): "a juventude da Europa [...] há de liderar uma luta fanática contra todos os inimigos da liberdade",[37] ora, isso não é mais que uma variante da mensagem para o novo ano de 1944, em que Hitler anuncia a sua resolução de liderar a luta decisiva que se aproxima "com extremo fanatismo e até a última consequência".[38] Não se trata aqui de expor mais uma vez o material que poderia ser citado de quase cada um dos parágrafos do artigo de Andersch; deve-se constatar, contudo, que a corrupção linguística, a propensão a um *pathos* vazio e circular, é apenas o sintoma exterior de uma constituição mental deturpada que se manifesta também nos conteúdos. Andersch, que no fim das contas vivenciara uma guerra relativamente cômoda, se arrogava agora porta-voz "dos combatentes de Stalingrado, El Alamein e Cassino", absolvendo-os em seu comentário ao processo de Nuremberg de qualquer cumplicidade pelos crimes de Dachau e Buchenwald[39] — essa espantosa prepotência não constitui um lapso isolado; pelo contrário, produzida com desenvoltura e sem o menor pudor, essa contribuição ao mito da inocência coletiva da Wehrmacht, que surgia justo naquele momento, corresponde inteiramente às posições defendidas em *Der Ruf*. Além disso, deve-se observar que Andersch, sempre extremamente cioso de tudo o que se escrevia a seu respeito, deixou, pelo visto, o livro de Widmer passar em branco. Pelo menos não se encontra nenhuma referência correspondente na biografia muito bem pesquisada de Reinhardt. Um tanto incômoda para a atitude neutralizadora dos estudos de germanística, a tese de Widmer também não é mencionada em monografias sobre Andersch que abordam o tema (de Wehdeking e Schütz, por exemplo). O próprio Andersch só tomou conhecimento de Widmer treze anos mais tarde, e indiretamente, quando Fritz J. Raddatz, logo no começo de sua pesquisa *"Wir werden weiterdichten, wenn alles in Scherben fällt..."* [Continuaremos a fazer poesia quando tudo se despedaçar...], publicada como *"Zeit*-Dossier" em 12 de outubro de 1979, fala dos trabalhos de Widmer e Andersch. Em uma declaração reproduzida no mesmo jornal *Die Zeit*, Andersch, seja dito em sua honra, exprime sem nenhuma restrição a sua concordância com Raddatz. É difícil precisar o que o levou a esse gesto. Chega a me parecer quase suspeito o efusivo elogio que Andersch dedica ao autor do artigo: "Não consigo me lembrar", diz ele, "quando li pela última vez um artigo político-literário tão brilhante, tão impactante. Uma investigação fenomenal". Um tanto exagerada é igualmente a formulação: "justo [...] nos trechos em que me critica [...], eu estou plenamente de acordo com ele. Hoje eu sou muito mais crítico do que Raddatz em relação a muitas declarações da minha fase inicial (e não somente dela)". Que eu saiba, não há comprovações para essa afirmação, que volta a encerrar rapidamente um assunto que lhe é desagradável, a menos que se considere como tal a proposta feita por Andersch na mesma ocasião de se retratar pelo artigo sobre Thomas Mann, que se lhe tornara entretanto insuportável. De qualquer maneira, a resposta de Andersch a Raddatz pode ser encarada como uma confissão tardia e um sinal de que, nesse momento — poucos meses antes de sua morte e muito *in extremis* —, ele talvez olhasse retrospectivamente a obra de sua vida com certa contrição.

Depois do relato autobiográfico *Kirschen der Freiheit*, o primeiro romance propriamente dito de Andersch foi o livro *Sansibar oder der letzte Grund* [Zanzibar ou a última razão], que, analisando bem, no entanto, também se apresenta como um fragmento de biografia reformulada, mais precisamente aquele que ficara de fora de *Kirschen der Freiheit*. O casal principal (Gregor e Judith) corresponde na constelação de personagens do texto, sem dúvida, ao verdadeiro casal Alfred Andersch e Angelika Albert. A diferença consiste em que Andersch transforma Gregor no herói secreto que ele jamais foi: Judith não é abandonada por Gregor, ele a salva e a leva para o exílio, mesmo que ela — "uma menina mimada de família judia rica"[40] — não o merecesse de todo. Não há praticamente nada mais difícil de renegar do que o ressentimento. De resto, Judith é identificada logo na sua primeira aparição em Rerik como judia: "é claro que ela é judia, pensou Gregor, mas o que uma judia está fazendo aqui em Rerik? [...] Gregor reconheceu o rosto de imediato; era um daqueles rostos jovens de judeus, que vira com frequência no grêmio juvenil em Berlim e em Moscou. E trata-se de um exemplar (!! de Sebald) particularmente belo desse tipo de rosto".[41] E algumas páginas adiante, Judith é retratada mais uma vez como "uma moça de cabelos negros [...] com um rosto bonito, delicado, de uma raça exótica (!! de Sebald) [...], com os cabelos soltos sobre uma gabardina clara, de corte elegante".[42] Como costuma ocorrer às jovens judias, Judith possui um apelo erótico todo especial. Não espanta, portanto, que nessa cena de *chiaroscuro* tão típica em Andersch, os sentidos de Gregor comecem a vacilar. "Ele chegou bem junto dela e pôs o braço esquerdo sobre seu ombro. Então o conjunto do rosto se desfez; ele ainda não conseguia reconhecer seus olhos, mas, em compensação, sentia o perfume de sua pele, o nariz da moça deslizou à sua frente (!! de Sebald), suas bochechas e, finalmente, só restou a boca, sua boca ainda escura, mas lindamente desenhada balançou (!! de Sebald) em direção a ele e se desfez."[43] Para que Gregor não se esqueça por completo da seriedade da situação e possa tomar-lhe as rédeas a tempo, Andersch faz com que a porta da igreja se abra nesse instante com um rangido. "Quando a luz da lanterna bateu dentro da igreja, ele já estava dois passos afastado de Judith."[44] Paralelamente à história de amor não frustrada, o *dégagement* político de Gregor ocupa o centro da narrativa em *Sansibar*. A hora da verdade chegara para o jovem herói alguns anos antes, quando ele, como convidado, participava de uma manobra do Exército Vermelho: "ele vira então a cidade lá embaixo, ao pé das colinas das estepes, um emaranhado de casebres cinzas na costa de um mar dourado em degelo [...] e o camarada tenente Choltschoff [...] gritara para ele: É Tarasovka, Grigorij! Nós conquistamos Tarasovka! Gregor devolveu um sorriso, mas lhe era indiferente que a brigada de tanques [...] houvesse conquistado Tarasovka; ele estava de repente fascinado pelo rio dourado que se formava com o derretimento do mar Negro e pela faixa cinza de casebres na margem, uma plumagem suja e prateada, que parecia se encolher sob a ameaça de um leque que ribombava surdo, formado por cinquenta tanques, cinquenta nuvens trovejantes de poeira das estepes, cinquenta flechas de poeira de ferro, contra as quais Tarasovka erguia o escudo dourado de seu mar".[45] O que se supõe é que essa ostentosa pintura verbal tem por objeto o despertar da beleza do mundo aos olhos de uma pessoa até então cega. Além disso, há de se concluir que uma experiência tão arrebatadora, no sistema do texto, equivale à revelação de uma verdade superior que desabona a vida pregressa do herói (no caso, o seu engajamento político). Seria tolo negar que há epifanias desse tipo com validez literária. Mas uma coisa é as palavras realmente se alçarem do solo, e outra bem distinta, quando elas são sobrecarregadas, como no trecho aqui citado, com adjetivos rebuscados, matizes de cor, brilho de lantejoulas e outros adornos baratos até o limite do mau gosto. Quando um autor moralmente comprometido reivindica a neutralidade valorativa do campo estético, seus leitores deveriam tomar algum cuidado. Paris ardendo em chamas, uma vista magnífica! Frankfurt queimando, vista do Meno, "uma imagem horrenda e bela".[46] Há um trecho em *Kirschen der Freiheit* que não tem nada a ver com o desenvolvimento da narrativa, e em que se propõe — como quem não quer nada — o programa de uma nova estética, uma estética que estaria supostamente em oposição diametral àquela desprezada por Andersch, a estética "dos embelezadores simbolistas da pena e do pincel".[47] Um tal Dick Barnett é mencionado como seu curador. Ele se encontra, diz Andersch, em um escritório da Lockheed Aircraft Corporation em Burbank, Califórnia, e "desenha" — imagine-se — "os contornos da forma do caça F 94". "Ele o faz, em primeira linha, de acordo com cálculos meticulosos, com o auxílio de sua razão, portanto, mas apenas a paixão pode criar uma forma tão pura, uma forma em que a luta secreta entre a coragem e o medo no peito de Dick Barnett ainda vibra, uma forma que deixa transparecer que Barnett, ao criá-la, se movia sobre o fio da navalha. Um pequeno movimento — e ele teria despencado. Um único giro em falso do espírito de Barnett — e o caça F 94 não seria a obra de arte consumada que é. E, além disso, a atmosfera de Burbank, Califórnia, mesmo que de todo inconsciente para Barnett, o vermelho bem definido dos galões de gasolina em um posto pela manhã no trajeto até a fábrica da Lockheed, ou a curva do pescoço de sua mulher sob a luz de um poste de rua quando eles, ontem à noite, saíam do carro, ao voltar do cinema."[48] Essa é, portanto, a visão de Andersch de uma "nova objetividade", uma arte que tem seu princípio na estetização das conquistas técnicas, na estetização da política e, consequentemente, do derrotismo político, e, em última instância, na estetização da violência e da guerra. É provável que a ideia de virilidade armada de Ernst Jünger tenha servido de modelo para essa esmerada passagem sobre a criação de uma forma pura. Que, ao revés, a representação literária da feminilidade coloque um adepto de Jünger necessariamente diante de sérias dificuldades, fica claro na conjectura, tão romântica quanto duvidosa, de que a força criativa de Barnett se deva a certas atmosferas, provocadas, por exemplo, pela curva do pescoço de sua mulher sob a luz de um poste.

Provavelmente Andersch teria agido bem se tivesse seguido o próprio mestre e guardasse comedimento a esse respeito, pois com excessiva frequência ele desnuda sua alma diante de nós com malabarismos descritivos que executa em torno do corpo da mulher em cada um de seus livros. Nesse aspecto, para falar como Peter Altenberg, ele atinge o último estágio da evolução com o romance *Die Rote*, publicado nos anos 1950, e, como sempre, aqui também se encontram dois modelos distintos de apresentação. Nas passagens especialmente carregadas de emoção, o rosto feminino é representado, em regra, segundo o padrão de um reclame de xampu ou coca-cola: vento e cabelos esvoaçantes são as marcas inconfundíveis. O publicitário da Lavanda Mouson sabe bem como se faz. Por exemplo, assim: "[...] no exato momento em que ela saiu do vão, o vento soprou em seus cabelos, fazendo com que corressem lisos para trás em um único movimento e formassem, assim, uma onda plana de vermelho-escuro; e foi a forma dessa onda, que caía levemente do alto da cabeça para então elevar-se e terminar numa malha de vermelho radiante como espuma, como a espuma de vaga de um mar vermelho-escuro, foi o movimento indomável, silencioso, lacônico e finalmente desfeito em leque dessa onda de vermelho-escuro pompeano, não preto-escuro, e sim apenas mesclado de preto, de carvão, que se afundava um pouco, que só brilhava na malha transparente das bordas, esse movimento encantado em um símbolo, em um sinal de uma partícula de maré de um mar pompeano diante do pano de fundo do mais puro azul-celeste que o céu de Veneza podia oferecer — foi ela, que penetrou nos nervos óticos de Fábio como uma estrofe".[49] Andersch antepôs uma frase de Monteverdi ao seu romance veneziano. Ela diz o seguinte: O compositor moderno escreve suas obras construindo sobre a verdade. Quem quiser se dar ao trabalho de definir a relação entre verdade e composição nas linhas citadas chegará com certeza ao resultado de que a verdade cedeu lugar à dissimulação, e a composição, a um forçado palavrório pompeano. Não menos kitsch e, além disso, lascivas de uma forma extremamente desagradável, são as descrições estereotipadas de Andersch da proximidade corporal, que funcionam mais ou menos de acordo com o seguinte esquema: "Ela o abraçou e beijou; enquanto ela envolvia o pescoço dele, ele sentia o calor delicado e cintilante do corpo dela, a película fina e irradiante que remarcava os contornos de seus ombros, seus braços, seus seios com muito mais intensidade do que a fragrância suave do perfume dela e a seda branca e preta de sua camisola de dormir ou de seu robe. Ela era tão pequena e esbelta quanto sua irmã, mas enquanto Célia era apenas esbelta, Giulietta era quase esquálida. Esquálida e elétrica".[50] Os ingredientes aqui empregados — o calor corporal cintilante, a fragrância do perfume, os contornos dos ombros, a película irradiante que ninguém sabe o que é, a indizível palavra "seios", tudo se encaixa em um confuso devaneio de um *voyeur* que, como autor onisciente — ela o abraça, ele sente... —, se imiscui furtivamente na cena que preparou para sua própria gratificação. Mas o romance *Die Rote*, além dessas passagens constrangedoras, aborda ainda o tema do notório passado alemão e cita Auschwitz como uma espécie de bastidor, consumando assim a obscenidade dessa peça literária irremediavelmente equivocada. Não faltaram tentativas de resgatar *Die Rote* com o argumento de que faltaria aos críticos alemães que atacaram o livro a compreensão para a tensão narrativa do romance popular anglo-saxão e para a atmosfera cheia de vida do neorrealismo italiano, em cujos procedimentos Andersch teria se inspirado.[51] A esse propósito pode-se dizer que há, por um lado, verdadeiros anos-luz de distância entre o kitsch veneziano de Alfred Andersch e os jardins dos Finzi-Contini, e, por outro, que o romance popular, que, nos seus melhores exemplos, pode sim atender a altas exigências literárias, não deve ser citado como álibi para um romance que se apresenta com grande pretensão literária e depois descamba para o baixo nível de uma novela de banca de jornal.

Efraim foi desde o início um projeto ambicioso, com o qual Andersch pretendia assegurar em definitivo um posto de primeira linha entre os romancistas alemães. O livro foi trabalhado por anos a fio, entre outros motivos provavelmente também porque Andersch queria estar seguro de que os defeitos apontados pela crítica em seu último romance não se repetiriam. De fato, o leitor tem em um primeiro momento a impressão de estar diante de uma obra mais séria, trabalhada com mais consistência. Ela não resiste, contudo, a um exame mais detido. Como se sabe, o enredo de *Efraim* trata de um jornalista inglês, de origem judaico-alemã, que retorna pela primeira vez, depois de passado quase um quarto de século, à sua cidade natal, Berlim, para investigar o paradeiro de Esther, a filha desaparecida de seu chefe e colega Keir Horne. Na estrutura do texto, a história da filha perdida (e, como Efraim nos esclarece, traída por seu pai) é, por assim dizer, deslocada e apresentada de uma forma que, ainda que possa parecer paradoxal, permite que o autor ignore que, com ela, está revirando o trauma de seu próprio fracasso moral. Entre o personagem Keir Horne e o autor Andersch não há nenhum tipo de identificação. Bem longe de reconhecer o seu alter ego em Keir Horne, que deve "ter gerado Esther em 1925, depois de haver conquistado uma das mais belas mulheres de Berlim daquela época",[52] ele escolhe George Efraim como seu representante. Mais precisamente, entra na personagem e se espraia dentro dela sem nenhum pudor, até que, como o leitor pouco a pouco percebe, não há mais um George Efraim, mas só um autor que manobrou até tomar o lugar da vítima. A pedra de toque dessa afirmação é a linguagem em que o romance é redigido: ele consiste exclusivamente nas anotações de George Efraim. George Efraim escreve em alemão, sua língua materna, que ele tem que desenterrar de bem longe, de um passado obscuro. Esse redescobrimento de uma língua, mencionado expressamente no romance por mais de uma vez, não se apresenta, porém, de forma alguma, no próprio texto, como a difícil e dolorosa empreitada arqueológica que seguramente seria na realidade. Pelo contrário, para nossa grande surpresa, George Efraim se move de imediato com uma segurança desconcertante e sem o menor embaraço na esfera do jargão contemporâneo — fala de um cara que não pira ao ser largado pela mulher; pergunta-se se não estará enchendo o saco de sua companheira; rememora os últimos anos da guerra na Itália, onde encontrou Keir pela primeira vez, "um típico garanhão de retaguarda, que fazia o estilo do militar desaforado"; recorda-se de uma noite mais tarde na guerra, em que "precisou matar o tempo a oeste de Hanói"; e, em Roma, especula se uma turista americana que se faz de recatada não vai acabar na cama do Excelsior, comida por um bonitão de Parioli. E assim por diante, os exemplos poderiam se multiplicar. Eventuais escrúpulos linguísticos do protagonista ou do autor não deixaram nenhum vestígio no texto. Em alguns momentos, contudo, deve ter ocorrido a Andersch que não encontrara propriamente o tom adequado para George Efraim, pois ele — por medidas profiláticas, por assim dizer — faz o personagem falar a certa altura de sua propensão às novas expressões idiomáticas de seus antigos conterrâneos.[53] Mas o recurso a tais racionalizações lembra sempre a história da pequena e tola Catarina, que, depois de derramar a cerveja, ainda joga por cima a boa farinha de trigo. Nessas circunstâncias, a cena principal do romance não é nem um pouco plausível. Efraim está em uma festa com Anna e escuta um completo desconhecido dizer, rindo, que pretende continuar festejando "até à câmara de gás". "Fui até ele", escreve Efraim/ Andersch, "e perguntei: 'o que o senhor disse?', mas não esperei a resposta para lhe desferir um murro no queixo com o punho cerrado (!! de Sebald). Ele era bem mais alto do que eu, embora não parecesse um tipo atlético, e eu tinha aprendido um pouco de boxe no exército."[54] O que irrita particularmente nessa cena não é apenas o primitivismo narrativo, a maneira com que Andersch tenta evitar de antemão quaisquer objeções eventuais, mas sobretudo o fato de ela roubar a pena do narrador Efraim e de quem lhe guia todo o resto de credibilidade. Engendrado como o reflexo de uma legítima indignação moral, o acesso de violência de Efraim é, na verdade, a prova de que Andersch inconscientemente projeta na alma de seu protagonista judeu um soldado alemão que mostra ao judeu como se deve tratar os iguais. No subtexto dessa cena, os papéis estão trocados. — Andersch, também convém dizer, esforçou-se bastante, como se sabe, na pesquisa dos temas judaicos de seu romance e, como Reinhardt informa fielmente, chegou até a pedir "ao dr. Ernst Ludwig Ehrlich, especialista em judaísmo na Basileia, [...] que, mediante remuneração, fizesse a revisão das partes judaicas do romance".[55] Apesar de todo esse empenho, o fato de leitores judeus — não somente Reich-Ranick, mas também Edmund Wolf, de Londres, um conhecido de Andersch de longa data — não acharem nem um traço de um judeu em Efraim, me surpreende tão pouco quanto a informação dada por Reinhardt de que Andersch se irritou quando Edmund Wolf lhe escreveu a esse respeito.

Por último *Winterspelt* — a região de Schnee-Eifel, alguns personagens em uma paisagem vazia, exércitos temporariamente imobilizados, o voo das gralhas, uma calma funesta, pouco antes da ofensiva das Ardenas. É um livro escrito com reflexão, com maior cautela e circunspecção do que os outros romances; ele se desdobra com intermitências e sob perspectivas que se alternam frequentemente; o marco documentário imprime ao conjunto algo como um traço básico de objetividade. Sem dúvida é o melhor trabalho de Andersch, mas ainda assim apologético. A narrativa gira em torno de uma ação de resistência planejada. O major Joseph Dincklage ("em diversas academias militares a partir de 1938; alferes na irrupção da guerra; segundo-tenente [front do Alto Reno] na primavera de 1940; primeiro-tenente e capitão [África] em 1941-42, Cruz de Cavaleiro e promoção à major [Sicília] em 1943, força de ocupação em Paris e na Dinamarca, do outono de 1943 ao outono de 1944")[56] — o major Dincklage alimenta há algum tempo a ideia de entregar o seu batalhão aos americanos. Käthe Lenk, uma mulher íntegra, professora primária, está inteirada de seu plano. "Apesar de odiar a guerra",[57] ela admira Dincklage por sua Cruz de Cavaleiro. Essas duas personagens inventadas, pode-se presumir, representam os papéis de Alfred e Gisela Andersch, que também se aproximaram um do outro no Eifel, ainda que em circunstâncias um pouco diferentes, quer dizer, é bem questionável que eles tenham discutido na ocasião a possibilidade de resistência. Afinal não se podia saber ainda àquela época como seria o desfecho da guerra. Käthe e Dincklager são idealizações retrospectivas. Bom seria ter sido como esses dois, se não necessariamente naquele tempo, pelo menos agora, olhando para trás. Literatura como meio de retificar a biografia. A sinceridade instintiva de Käthe faz dela o tipo ideal da pessoa incorruptível. Sua alma é imune contra o regime malévolo. Dincklage também está acima de qualquer suspeita. Assim como Jünger, o outro portador da Cruz de Cavaleiro, ele hibernou no Exército com firmeza e dignidade, e está próximo de enfrentar as consequências de uma situação no fundo sem perspectivas. "De fato, a questão da coragem é uma questão de oficiais."[58] Por isso, um homem como Dincklage deve tentar encontrar o caminho para a deserção coletiva. Ele não pode sair simplesmente de campo como um soldado qualquer. Não é culpa de Dincklage se seu plano no fim das contas fracassa. O mensageiro Schefold é morto na terra de ninguém entre os fronts pelo disparo de Reidel, um soldado enfurecido, que, aliás, é de longe o personagem mais plausível de toda a história. Andersch conhece bem a sua linguagem. Dincklage, em comparação, soa artificial. Ele possui, é certo, um gênio difícil e é — um pouco como o heroico pastor Helander, de *Sansibar*, que enfrenta a Gestapo com um revólver e morre sem se entregar — apresentado como um existencialista atormentado por dores físicas (artrose de quadril e ferimentos de guerra) e grandes dúvidas, caminhando no fio da navalha de uma situação-limite. Mas falta a esse existencialismo alemão personificado em Dincklage, ao contrário do francês, a legitimação de uma resistência organizada; ele é, afinal, um gesto falso e vazio, fictício, de puro foro íntimo, gratuito. A exemplo do que já fizera em *Sansibar*, a tentativa da emigração interna de compensar o déficit moral por meio uma resistência simbólica na arte é reescrita por Andersch em *Winterspelt* na fábula do resgate de obras de arte proscritas que são levadas para o exílio. Parece-me duvidoso que se possa dizer a respeito dessas ficções retrospectivas que elas integram uma estética da resistência.

Ainda um pequeno epílogo. Falou-se muito da volta de Andersch para a esquerda já perto do final de sua vida. Isso foi motivado sobretudo pela controvérsia que Andersch provocou no ano de 1976 com o seu poema *"Artikel 3 (3)"* [Artigo 3º, § 3º] sobre a proibição do exercício profissional para comunistas e extremistas em geral. O poema contém uma passagem dizendo que o novo campo de concentração já estaria pronto. É certo que, tratando-se desse tema, pode ter sido necessário exagerar a verdade, mas, nessa notória polêmica, que já faz parte da história da literatura, ainda persiste uma sensação de incômodo, o que tem a ver com o fato de essa tomada de posição de Andersch, de um radicalismo incondicional, ter acontecido sem mais nem menos. Ainda que ele sempre se referisse à sua emigração para viver em exílio no Tessino como forçada pelas circunstâncias insuportáveis na Alemanha, certamente ninguém levava isso a sério. Na minha opinião, o que melhor caracterizava Andersch e o seu posicionamento sobre a Alemanha e a sua constituição política foi o que ele escreveu ao seu amigo Wolfgang Weyrauch, em Hamburgo, por ocasião do Natal de 1959: "É com um sorriso maroto que vejo [...] vocês cozinhando nesse seu caldo neonazista, já obrigados de novo a construir movimentos de resistência. É magnífico estar na retaguarda [...]".[59] Andersch sempre foi, no fundo, um homem da retaguarda. Por isso, logicamente, se tornou suíço no início dos anos 1970, ainda que não houvesse nenhuma necessidade imperiosa para tanto. Que, além disso, no curso do processo de sua naturalização suíça, ele tenha passado anos estremecido com Max Frisch, seu vizinho de casa no Tessino, por não se sentir devidamente apoiado no seu pleito, sentia-se até mesmo difamado — Frisch escrevera em algum lugar: "Ele tem apreço pela Suíça; não interesse".[60] — dá uma ideia a mais dessa vida interior assolada por ambição, egoísmo, ressentimento e rancor. A obra literária é o manto com o qual ele se envolve. Mas o forro barato aparece de cima abaixo.

Notas

GUERRA AÉREA E LITERATURA [pp. 11-93]

1. [pp. 13-36]

1. Cf. H. Glaser, *1945 – Ein Lesebuch*, Frankfurt a. M., 1995, pp. 18 ss., assim como Sir Charles Webster e Noble Frankland, *The Strategic Air Offensive Against Germany*, Her Majesty's Stationary Office 1954 até 1956, especialmente o volume IV, onde estão reunidos anexos, estatísticas e documentos.

2. Cf. *Geschichte und Eigensinn*, Frankfurt a. M., 1981, p. 97.

3. Enzensberger, *Europa in Trümmern*, Frankfurt. a. M., 1990, p. 240.

4. Ibid., p. 188.

5. Willi Ruppert, *...und Worms lebt dennoch*, Wormser Verlagsdruckerei, s/d.

6. Enzensberger, op. cit., p. 110.

7. Ibid., p. 11.

8. *Hierzulande*, Munique, 1963, p. 128.

9. *Der Engel schwieg*, Colônia, 1992 [edição brasileira: *O anjo silencioso*, tradução de Karola Zimber, São Paulo: Estação Liberdade, 2004].

10. Enzensberger, op. cit., pp. 20 s.

11. "Der Untergang" in: *Interview mit dem Tode*, Frankfurt a. M., 1972, p. 209.

12. Londres, 1979, p. 346. [Na segurança da paz... muitos políticos e civis prefeririam esquecer o capítulo dos bombardeiros na guerra. (N.T.)]

13. Citado segundo Charles Messenger, *"Bomber" Harris and the Strategic Bombing Offensive 1939-1945*, Londres, 1984, p. 39. [e esse é um ataque absolutamente devastador, de exterminação, por bombardeiros muito pesados partindo de nosso país para a pátria nazista. (N.T.)]

14. Webster e Frankland, vol. IV, p. 144. [para destruir a moral da população civil inimiga e, em particular, dos operários. (N.T.)]

15. *Erinnerungen*, Berlim, 1969, pp. 359 ss.

16. Max Hastings, p. 349.

17. Cf. Gerard J. De Groot, "Why did they do it?", in: *Times Higher Educational Supplement*, 16/10/1992, p. 18. [que "bomber" Harris havia conseguido obter uma influência peculiar sobre Churchill, que, normalmente, era dominante e intrusivo. (N.T.)]

18. Citado segundo De Groot, op. cit. [que aqueles que lançaram esses horrores sobre a humanidade irão agora sentir, em sua própria terra e em sua própria carne, os golpes fulminantes de uma justa retaliação. (N.T.)]

19. *From Apes to Warlords*, Londres, 1978, p. 352.

20. Oxford, 1985, p. 74.

21. "Raid on Berlin" (4/9/1943), gravação em cassete, Imperial War Museum, Londres. [Agora, bem diante de nós... encontram-se a escuridão e a Alemanha. (N.T.)]

22. Ibid. [o navegador, um australiano de Brisbane; o artilheiro meio-superior, que trabalhava antes da guerra com publicidade, e o artilheiro traseiro, um agricultor de Sussex. (N.T.)]

23. Ibid. [Estamos agora sobre o mar, bem afora, e olhando permanentemente para a costa inimiga. (N.T.)]

24. Ibid. [parede de luzes vasculhadoras, às centenas, em forma de cones e feixes. É uma parede de luz com muito poucas falhas e, atrás dessa parede, há um lago de luz mais intensa, de um vermelho e verde e azul incandescentes, e sobre esse lago, miríades de labaredas penduradas no céu. É a própria cidade! (...) Tudo será bem silencioso (...) o barulho de nossas aeronaves abafa todo o resto. Estamos nos dirigindo diretamente à mais gigantesca exibição de fogos de artifício silenciosos do mundo e lá vamos nós lançar nossas bombas sobre Berlim. (N.T.)]

25. Ibid. [Sem muito falatório. (N.T.)]

26. Ibid. [Por Deus, isso está com cara de um show do cacete! (N.T.)]

27. Ibid. [O melhor que eu já vi. (N.T.)]

28. Ibid. [Olha esse fogo! Cara, que é isso! (N.T.)]

29. Klaus Schmidt, *Die Brandnacht*, Darmstadt, 1964, p. 61.

30. Cf. Nikolaus Martin, *Prager Winter*, Munique, 1991, p. 234.

31. *Tagebuch eines Verzweifelten*, Frankfurt a. M., 1994, p. 220.

32. Ibid., p. 216.

33. Op. cit., p. 213.

34. "Der Luftangriff auf Halberstadt am 8. April 1945", in: *Neue Geschichten. Hefte 1-18 "Unheimlichkeit der Zeit"*, Frankfurt a. M., 1977, p. 106.

35. Ibid., p. 104.

36. Cf. *Ich will Zeugnis ablegen bis zum letzten – Tagebücher 1942-1945*, Berlim, 1995, pp. 661 ss.

37. Op. cit., p. 211.

38. Op. cit., p. 216.

39. Ibid., p. 221.

40. Citado segundo Enzensberger, op. cit., pp. 203 s.

41. Ibid., p. 79.

42. Zuckerman, op. cit., p. 322. [Minha primeira visão de Colônia clamava por um artigo mais eloquente do que eu jamais poderia ter escrito. (N.T.)]

2. [pp. 37-64]

1. Cf. op. cit., pp. 211 s. e pp. 226 s.

2. Cf. *Frankfurter Vorlesungen*, Munique, 1968, pp. 82 s.

3. Op. cit., p. 238.

4. Ibid.

5. P. 138 [p. 149].

6. Citado segundo Zuckerman, p. 327.

7. Böll, *Der Engel schwieg*, p. 70 [ed. brasileira: pp. 82 s.].

8. Nossack, op. cit., pp. 238 s.

9. Böll, ibid., p. 57 [p. 69].

10. Op. cit., p. 243.

11. Böll, ibid., pp. 45 s.

12. Citado e traduzido segundo Stig Dagerman, *Geman Autumn*, Londres, 1988, pp. 7 ss.

13. *In Darkest Germany*, Londres, 1947, p. 30. [As pessoas vagueiam com tamanha lassidão, que sempre se corre o perigo de atropelá-las quando se está de carro. (N.T.)]

14. Böll, ibid., p. 92 [p. 104 e 68].

15. Cf. Martin Middlebrook, *The Battle of Hamburg*, Londres, 1988, p. 359.

16. Kluge, op. cit., p. 35.

17. Op. cit., p. 220.

18. *Theodor Fontane, Heinrich von Kleist, Anna Wilde — Zur Grammatik der Zeit*, Berlim, 1987, p. 23.

19. K. Schmidt, op. cit., p. 17.

20. Op. cit., p. 245.

21. *Tagebücher*, citado segundo Enzensberger, op. cit., p. 261.

22. Citado segundo Zuckerman, op. cit., pp. 192 s. [No meio de todo esse caos, somente os alemães poderiam produzir uma magnífica orquestra completa e uma casa repleta de amantes da música. (N.T.)]

23. *Doktor Faustus*, Frankfurt a. M., 1971, p. 433 [edição brasileira: *Doutor Fausto*, tradução de Herbert Caro, Rio de Janeiro: Nova Fronteira, 1984, p. 584].

24. *Pseudoautobiographische Glossen*, Frankfurt a. M., 1971, p. 51.

25. Hermann Kasack, *Die Stadt hinter dem Strom*, Frankfurt a. M., 1978, p. 18.

26. Ibid., p. 10.

27. Nossack, ibid., p. 62.

28. Kasack, ibid., p. 152.

29. Ibid., p. 154.

30. Ibid., p. 142.

31. Ibid., p. 315.

32. Cf. Nossack, *Pseudoautobiographische Glossen*, p. 47: "A verdadeira literatura naquela época era uma língua cifrada".

33. Cf. *Interview mit dem Tode*, Munique, 1972, p. 225.

34. Ibid., p. 217.

35. Ibid., p. 245.

36. *Die gespaltene Zukunft*, Munique, 1972, p. 58.

37. Hamburgo, 1983, p. 10.

38. Ibid., p. 29.

39. Ibid., pp. 98 s.

40. Ibid., p. 234.

41. Ibid., p. 46.

42. Frankfurt a. M., 1973, p. 152.

43. Frankfurt a. M., 1982, p. 35.

44. Kluge, op. cit., p. 35.

45. Ibid., p. 37.

46. Ibid., p. 39.

47. Ibid., p. 53.

48. Ibid., p. 59.

49. Ibid., p. 63.

50. Ibid., p. 69.

51. Ibid., p. 79.

52. Ibid., pp. 102 s.

53. *Illuminationen*, Frankfurt a. M., 1961, p. 273.

3. [pp. 65-93]

1. Munique, 1995.

2. Org. por G. Wolfrum e L. Bröll, Sonthofen, 1963.

3. Cf. *Dresdner Hefte*, nº 41, 1995, p. 3.

4. Cf. Kenzaburo Oe, *Hiroshima Notes*, Nova York e Londres, 1997, p. 20.

5. Hans Dieter Schäfer, *Mein Roman über Berlin*, refugium (Passau), 1990, p. 27.

6. "Zur Periodisierung der deutschen Literatur seit 1930", in: *Literaturmagazin*, nº 7, org. por N. Born e J. Manthey, Reinbek, 1977.

7. *Mein Roman über Berlin*, op. cit., p. 29.

8. Ibid.

9. Munique, 1991.

10. Ibid., p. 161.

11. Ibid., p. 164.

12. Franz Lennartz, *Deutsche Schriftsteller des 20. Jahrhunderts im Spiegel der Kritik*, Bd. 2, Stuttgart, 1984, p. 1164.

13. Cf. Karl Heinz Janßen, "Der große Plan", ZEIT-*Dossier*, 7/3/1997.

14. Cf. Günter Jäckel, "Der 13. Februar 1945 — Erfahrungen und Reflexionen", *Dresdner Hefte*, nº 41, p. 6.

15. Citado segundo Elias Canetti, *Die gespaltene Zukunft*, Munique, 1972, pp. 31 s.

16. Cf. Antony Beevor, *Stalingrad*, Londres, 1998, pp. 102 ss.

O ESCRITOR ALFRED ANDERSCH [pp. 95-124]

1. Cf. "*... einmal wirklich leben*" — *Ein Tagebuch in Briefen an Hedwig Andersch 1943-1979*, org. por W. Stephan, Zurique, 1986, pp. 70 s. Em cartas posteriores Andersch se refere à querida mamãe preferencialmente como *Dear Mom* ou *Ma chère Maman*. Não se sabe o que a sra. Andersch, uma senhora bastante simples, entendeu com isso.

2. Cf. ibid., pp. 50, 57, 59, 111, 116, 126, 144.

3. Ibid., p. 123.

4. *Im Etablissement der Schmetterlinge — Einundzwanzig Portraits aus der Gruppe 47*, Munique, 1988, p. 24.

5. *Alfred Andersch. Eine Biographie*, Zurique, 1990, p. 208.

6. Ibid.

7. Cf. para tanto E. Schütz, *Alfred Andersch*, Munique, 1980, pp. 44 s., onde estão citadas as resenhas mais importantes.

8. *Börsenblatt des deutschen Buchhandes*, nº 14, 1966.

9. *Sonntagsblatt*, nº 12, 1961.

10. H. Salzinger, *Stuttgarter Zeitung*, 11/10/1967; J. Günther, *Neue Deutsche Hefte*, Jg. 12, 1967, H. 3, pp. 133 s.

11. Reinhardt, op. cit., p. 438.

12. Ibid.

13. Ibid., p. 534.

14. *Kirschen der Freiheit*, Zurique, 1971, p. 42.

15. Ibid., p. 43.

16. Ibid., p. 39.

17. Citado segundo Reinhardt, op. cit., p. 580.

18. *Kirschen der Freiheit*, p. 46.

19. Ibid., p. 45.

20. Op. cit., p. 58.

21. Ibid.

22. Cf. ibid., pp. 55 ss.

23. Cf. ibid., p. 84.

24. Ibid., p. 82.

25. "Aquele que caminha na floresta." Termo que Ernst Jünger usava para aqueles que se isolavam na floresta, na natureza selvagem, para não se envolver nos problemas da sociedade. (N.E.)

26. Cf. *Erinnerte Gestalten*, Zurique, 1986, pp. 99, 157, 160.

27. Reinhardt, op. cit., p. 74.

28. *Kriegsgefangenenakte* (8/10/1944), Archiv der Deutschen Dienststelle, Berlim. [Impedido até agora de escrever livremente, porque minha mulher era uma mestiça de origem judaica... e por causa da minha própria detenção em um campo de concentração alemão por algum tempo, esses documentos e diários contêm a maior parte de meus pensamentos e planos, reunidos nos longos anos de opressão. (N.T.)]

29. *Kirschen der Freiheit*, p. 90. E quem — é a conclusão do trecho citado — quer passar para o lado dos perdedores?

30. Reinhardt, op. cit., p. 647.

31. Cf. para tanto Reinhardt, op. cit., p. 73. Andersch recorreu diante de seu chefe de companhia a um decreto de Hitler, impresso nos comunicados à Wehrmacht, segundo o qual ex-prisioneiros de campos de concentração deviam ser dispensados.

32. Cf. "...*einmal wirklich leben*", p. 20.

33. Cf. ibid.

34. Ibid., p. 47.

35. Ibid.

36. Verlag Schwann, Düsseldorf.

37. *Der Ruf*, org. por H. A. Neunzig, Munique, 1971, p. 21.

38. Cf. M. Overesch, *Chronik deutscher Zeitgeschichte*, Bd. 2/III, Düsseldorf 1983, pp. 439 s.

39. Cf. *Der Ruf*, p. 26.

40. *Sansibar oder der letzte Grund*, Zurique, 1970, p. 101.

41. Ibid., p. 55.

42. Ibid., p. 59.

43. Ibid., p. 106.

44. Ibid.

45. Ibid., p. 22.

46. "... *einmal wirklich leben*", p. 13.

47. *Kirschen der Freiheit*, p. 86.

48. Ibid., p. 87.

49. *Die Rote*, Zurique, 1972, pp. 152 s.

50. Ibid., p. 68.

51. Cf., por exemplo, Th. Koebner, *Lexikon der deutschsprachigen Gegenwartsliteratur*, org. por H. Kunisch e H. Wiesner, Munique, 1981, p. 26; V. Wehdekind, *Alfred Andersch*, Stuttgart, 1983, p. 91.

52. Cf. *Efraim*, Zurique, s/d, pp. 61, 204, 70, 64, 134.

53. Cf. ibid., p. 56.

54. Cf. ibid., pp. 152 ss.

55. Reinhardt, op. cit., p. 423.

56. *Winterspelt*, Zurique, s/d, p. 39.

57. Ibid., p. 41.

58. Ibid., p. 443.

59. Citado segundo Reinhardt, op. cit., p. 327.

60. Cf. Reinhardt, op. cit., pp. 500 e 508.

ESTA OBRA FOI COMPOSTA EM MINION PELO ACQUA ESTÚDIO E IMPRESSA
PELA GEOGRÁFICA EM OFSETE SOBRE PAPEL PÓLEN BOLD DA SUZANO PAPEL
E CELULOSE PARA A EDITORA SCHWARCZ EM JUNHO DE 2011